非洲国别和区域历史丛书

法国在非洲的无形武器：无形武器：非洲法郎的历史

[法] 法妮·皮若
[塞内加尔] 恩东戈·桑巴·希拉 著

张忠祥 陶陶 陶泓铮 译

上海三联书店

目　录

引　言

　　2016 年 8 月以来，有一幅精彩的漫画在社交网络上流传，这幅漫画的作者是才华横溢的科特迪瓦讽刺漫画家亚普希（Yapsy）。我们可以在这幅漫画上看到两艘轮船。第一艘轮船上搭载了一座阿比让的著名建筑：一个由两根巨型象牙组成的拱门，悬挂着科特迪瓦国旗。第二艘轮船搭载了飘扬着法国国旗的埃菲尔铁塔。一个看起来像戴高乐将军的人站在船头，手握剪刀，剪断连接两艘船的绳索。他大喊道："1960 年 8 月 7 日，我郑重宣布你们独立！"在对面的科特迪瓦船上，有一群人在跳舞，大声欢呼："哇欧！！！"狂欢的人群似乎没有意识到水下发生的事情：另一条绳索将两艘船连接在一起，绳索看起来连接得很牢固，绳索带有文字"FCFA"，意思是非洲法郎。

　　这第二条绳索虽然看不见，但牢牢固定着两艘船。这并不是亚普希艺术想象的产物：自殖民时期以来，更确切地说是自 1945 年非洲法郎创立以来，这条绳索就一直是真实存在的。这条绳索不仅连接着法国和科特迪瓦，还关乎集中在两个货币区的 14 个国

家：西非经济货币联盟（UEMOA，Union économique et moné-
taire ouest-africaine）的贝宁、布基纳法索、科特迪瓦、几内亚比绍、
马里、尼日尔、塞内加尔和多哥；中非经济货币共同体（CEMAC，
Communauté économique et monétaire de l'Afrique centrale）的喀
麦隆、加蓬、乍得、赤道几内亚、中非共和国和刚果共和国。这两个
货币联盟各自拥有中央银行。这两个货币联盟使用两种不同的非
洲法郎（franc CFA）。这两种货币的缩写是相同的，但全称是不同
的：对中非经济货币共同体的法郎来说，CFA 表示"中非金融合
作"（Coopération financière en Afrique centrale）；而对西非经济货
币联盟来说，CFA 则表示"非洲金融共同体"（Communauté
financière africaine）。这两种非洲法郎的运作方式相同，并且和欧
元保持固定汇率。然而，这两个货币联盟的非洲法郎是无法相互
兑换的：如果我们想要将西非货币联盟的非洲法郎兑换成中非经
济货币共同体的非洲法郎，通常必须通过欧元来兑换，反之亦然。
第十五个国家科摩罗联盟使用另一种法郎——科摩罗法郎，这种
法郎以同样的方式和法国联系在一起。这十五个国家属于"法郎
区"（zone franc），受制于共同的货币管理原则。根据联合国 2015
年的数据显示，共有超过 1.62 亿人使用非洲法郎和科摩罗法郎。

　　对外行来说，因为货币问题通常具有技术属性，所以货币问题
可能显得晦涩难懂或令人厌恶。更何况这一领域的专家通常不会
普及必要的知识来为民主辩论提供便利。然而，和货币一样具有
"政治性"的主题很少见。亚里士多德（Aristote）不是在《尼各马可
伦理学》（*Éthique à Nicomaque*）中解释说指代货币的希腊词
（nomisma）和指代法律的希腊词（nomos）具有相同的词根吗？事
实上，无需上升到哲学高度：我们每个人都知道，或者至少感受到，

货币在我们的生活中扮演着至关重要的角色。

　　日常生活在"非洲法郎体系"之下的非洲民众及以法国人为首的欧洲人从非洲法郎中受益，但他们并未完全意识到这一点，他们应该了解非洲法郎的历史、运作及影响。然而，他们之中很少有人被正确告知。虽然非洲法郎问题正在获得越来越多的关注，但是，在非洲和在法国一样，这个问题长期以来一直远离公众的讨论。自20世纪70年代以来，许多非洲经济学家对非洲法郎进行了批判性分析①。可惜的是，他们的言论并没有得到充分传播。法国方面，很少有作者对这些法非货币感兴趣。这些人通常不会考虑非洲法郎的所有方面，一般会"以法国为中心"进行分析。无论如何，很少有普及性的作品可以让法非双方的民众关注非洲法郎问题，并让这个问题完全进入到民主辩论中去。

假象与伪装

　　这种情况绝非偶然。在某种程度上，甚至是故意而为之。自殖民时期以来，为了让非洲法郎的使用者们尽可能少地知道CFA这三个神秘字符背后的机制，法国用尽了一切手段。正是这种无形之物，或者更确切地说，这种掩饰及其允许的伪装，印证了亚普

---

① 我们可以着重列举萨米尔·阿明（Samir Amin）、马马杜·迪亚拉（Mamadou Diarra）、约瑟夫·春迪昂·普埃米（Joseph Tchundjang Pouemi）、马马杜·库利巴利（Mamadou Koulibaly）、萨努·姆巴耶（Sanou Mbaye）、尼古拉·阿格博侯（Nicolas Agbohou）、登巴·穆萨·登贝莱（Demba Moussa Dembélé）、卡科·努布波（Kako Nubukpo）、塞哈芬·普拉奥·姚（Séraphin Prao Yao）、亚库巴·法萨西（Yacouba Fassassi）。

希所画的水下绳索。这种假象的原因相对简单：非洲法郎背后的机制是备受质疑的。

以前，法国殖民当局将"母国"宣传为非洲人的保护力量。他们宣传道：得益于法国，顺从的大陆将获得福利和繁荣。例如，1950年，我们可以在殖民帝国流通的5000非洲法郎的纸币上看到法兰西共和国的标志性形象——玛丽安娜（Marianne），她以令人放心的方式处在两个非洲人中间，并用手搂住了这两个非洲人的肩膀。实际上，非洲法郎的目的是完全不同的：目的在于通过非洲法郎来保证对殖民地的经济控制，为向经济脆弱的宗主国输送殖民地的财富提供便利。

如今，巴黎徒劳地保证非洲法郎已经成为一种由非洲人管理的"非洲货币"，这种保证（我们将会在下文中看到）应当受到严重质疑。的确，货币符号和中央银行的管理者已经"非洲化"了：法兰西帝国的玛丽安娜们和"英雄人物们"被草原风光和国家名胜所取代。但是，在这些陈词滥调背后还隐藏着另一个事实：几十年来，非洲人日常使用的纸币和硬币是在前宗主国的多姆山省（Puy-de-Dôme）的沙马利耶尔（Chamalières）和吉伦特省（Gironde）的佩萨克（Pessac）制造的。

更为隐秘，更令人不安的是：关于非洲法郎的重大决定一直是由法国做出的。因为非洲法郎体系的核心角色是隶属于法国财政部的法国国库（Trésor français）。事实上，有权决定非洲法郎外部价值的正是法国国库。15个法郎区国家也是通过法国国库来进行外汇交易（包含非洲法郎的买入和卖出）的。因此，通过非洲法郎和科摩罗法郎，尽管方式并不明显，法国是世界上唯一一个直接管理理论上非本国货币的国家。根据时任法国财政部长瓦莱里·吉斯卡尔·德斯坦(Valéry Giscard d'Estaing)1964 年反对美元霸权的名言,这毫无疑问是一种"过度的特权"。

当法国政府偶尔含蓄地承认巴黎对非洲法郎的主权时,它们会用团结和利他主义的辞令来为自己辩护。它们说,法国只会以公正无私的方式行事。正如我们所看到的,事实远非如此。这种殖民货币机制的理念和功能仍然和 1945 年创立这种货币时相同。非洲法郎不是一种简单的货币,它可以让法国在经济、货币、金融及政治层面上根据自身利益来筹划同某些前殖民地的关系。简而言之,为了秘密保留殖民条约的特权,法国在非洲国家独立前夕建立了这一特殊的新殖民主义统治体系,这是法非特殊关系最好的武器。

非洲法郎的历史融合了殖民主义、经济、商业、地缘政治、外交、所有压迫背景下看得见或看不见的一切。非洲法郎的历史既是法国的历史,也是非洲国家的历史。法国仍未放弃其殖民历史,非洲国家的领导人们则迟迟不"剪断绳索",迟迟不在政治上实现其人民的愿望。

没有人知道这段历史还会延续多久。然而,出于政治、经济和人口的原因,非洲法郎的未来变得越来越不确定。不必掌握所有的技术要素,越来越多的非洲民众意识到,如果没有有效的货币主权,他们将无法真正决定自己的命运。近年来,越来越多要求"终结非洲法郎"的声音出现在街头、社交网络上,出现在知识分子和艺术家阶层中。倒计时可能已经开始了。

在这种情况下,有必要了解围绕着这些法非货币的利害关系。为了达到这一目的,首先应该关注非洲法郎的起源及其总体的运作方式(第一章和第二章)。接着,我们建议通过着眼于独立后几十年来退出法郎区的经验来考察法非货币关系的演变（第三章）。
然后，我们将展示法国如何继续掌控非洲法郎机制（第四章），为何
非洲法郎仍是法非特殊关系不可或缺的武器（第五章），以及并未
真正推动使用非洲法郎的国家的发展（第六章）。最后，我们将通
过对照争取货币和经济主权的民众和知识分子运动提出的要求、
法郎区的政治和货币当局试图给他们的回应，以及评估至今为止
计划的摆脱货币现状的选项来思考非洲法郎的未来（第七章）。

第一章

一种为"殖民条约"服务的货币

"每个人都可以创造货币：问题是使其被人接受。"美国经济学家海曼·明斯基（Hyman Minsky）曾这么说[①]。法国和其他殖民列强一样，在 19 世纪和 20 世纪，努力使它的货币在其征服的非洲土地上"被接受"——事实上是强迫非洲人接受它的货币。

但是，法国后来成功了。虽然非洲国家正式独立了，但是法国在付出了巨大努力后，成功地守住了它建立在非洲法郎之上的货币帝国。因此，我们如今把非洲法郎称为一种"殖民残留""殖民主义残余"或者一种"新殖民主义货币"。

法国强制推行其货币

在前殖民时期，好几种类型的货币在非洲大陆上流通。橡胶

[①] Cité *in* L. Randall WRAY, *Why Minsky Matters. An Introduction to the Work of a Maverick Economist*, Princeton University Press, Princeton et Oxford, 2016, p. 28 (notre traduction).

球、铁条和铜条、贝壳、锌块、黄铜丝、玻璃珠、瓷器等材料都可用作交易的货币。货币是一种交换和支付的工具，但更是一种重构社会关系的机制[1]。货币被托付给"资历深的人，群体的负责人，负责确保社区及其创始者之间的联系[2]"。西部非洲长期大量使用印度洋的贝壳[3]：货贝，以至于这一区域被称为"货贝区"。货贝被图瓦雷克人(Touaregs)称为 timekla，在廷巴克图被称为 oudà，在约鲁巴人(Yorubas，如今尼日利亚的一个族群)中特别流行。货贝是强大的泛非商业网络体系的核心，特别是在西沃尔特(Volta occidentale)(现在的布基纳法索)和苏丹(现在的马里)[4]。从 18 世纪上半叶开始，货贝可以兑换里弗尔(livres tournois)，里弗尔是中世纪至 1795 年期间法国的货币单位。1795 年，法郎成为法国的唯一货币。1724 年，1000 货贝可以兑换 960 但尼尔(deniers tournois)，但尼尔是里弗尔的辅币[5]。但是，和其他非洲货币一样，货贝渐渐失去了影响力。

在 19 世纪，欧洲人殖民非洲的主要目标之一是通过建立为宗主国利益服务的贸易体系来把非洲大陆大部分的财富据为己有。为了实现这一目标，殖民政权必须控制生产和交换的流转。这种

---

[1] David GRAEBER, *Dette. 5000 ans d'histoire*, Les liens qui libèrent, Paris, 2013.

[2] Josette RIVALLAIN, « Monnaies d'Afrique：visions africaines et visions européennes», *Revue numismatique*, n° 157,2001, p. 121 - 130.

[3] Mahir ŞAUL, «Money in Colonial Transition. Cowries and Francs in West Africa», *American Anthropologist*, vol. 106, n° 1,2004, p. 71 - 84; Boubacar S. DIALLO, «Des cauris au franc CFA», *in* GEMDEV et UNIVERSITÉ DU MALI (dir.), *Mali-France. Regards sur une histoire partagée*, Karthala-Donniya, Paris-Bamako, 2005, p. 407 - 432.

[4] Marion JOHNSON, «The Cowrie Currencies of West Africa», Part I et II, *The Journal of African History*, vol. 11, n° 3,1970, p. 17 - 49, p. 331 - 353.

[5] Gildas SALAÜN, « Cauris et traite négrière au XVIIIᵉ siècle », Bulletin Numismatique, n° 139, février 2015, p. 20.

控制必然会发展成货币的控制。为了打压当地的抵抗和推行他们的货币,殖民者用各种手段来施压,并毫不犹豫地交替使用殖民法律和暴力。

随着殖民地的扩大和巩固,法国最终逐步实现了其货币在殖民地的流通。1825 年,法国国王查理十世(Charles X)制造了带有"法属殖民地"(colonies françaises)字样的硬币,这些硬币成为了戈雷岛(Gorée)的记账单位。戈雷岛是一个位于现在的塞内加尔附近的一个小岛,成为奴隶贸易的中心已经超过了两个世纪。1830 年,法国要求在西非海岸和"土著的"中间人交易时必须使用法国货币。这是为了对抗英国贸易公司的统治。从 1830 年开始,法国对阿尔及利亚长期暴力的征服加速了强制推行殖民货币体系的进程:在打败埃米尔阿卜杜·卡迪尔(émir Abdelkader)后,法国政府在 1851 年建立了一家置于法兰西银行监管下的殖民银行:阿尔及利亚银行。

在撒哈拉以南的非洲,法国政府在法属西部非洲(AOF,Afrique occidentale française,建立于 1895 年)和法属赤道非洲(AEF,Afrique équatoriale française,建立于 1910 年)这两个区域也做了这方面的努力。法属西部非洲包括 8 个殖民地:达荷美(后来的贝宁)、科特迪瓦、几内亚、上沃尔特(后来的布基纳法索)、毛里塔尼亚、尼日尔、塞内加尔、苏丹(后来的马里)。法属赤道非洲包括 4 个殖民地:刚果、加蓬、乌班吉沙里(后来的中非共和国)和乍得。德国控制下的喀麦隆和多哥在第一次世界大战后归附于法兰西帝国。

19 世纪末,一些士兵被派往乍得湖周边地区,目的之一是"把法国货币无法流通的小集市组织起来"①。在这一行动后,历史学家和钱币学家雷吉斯·安托万(Régis Antoine)指出,"农民不得不带着他们的商品来到这里,使用被认为是愚蠢的'法郎'"②。在科特迪瓦,殖民当局在1895年禁止使用马尼耶(manille)。这是一种被用作交换媒介的铜质手镯状的货币。1907年,殖民当局在法属赤道非洲内部禁止进口货贝,并禁止使用货贝支付殖民赋税。

这些专制措施并不总是能击败当地的反抗。当地居民不愿意使用法郎的原因有很多。除了计算体系的独特性让他们觉得不适应外,硬币因体积小而难以保存,纸币因材料差而看起来像一张破纸。但是,最主要的还是由于殖民货币与赋税相关联才导致当地居民拒绝使用法郎:事实上,当局强征名目众多、殖民地居民难以负担的税收,且税收必须用法郎来支付。1922年,货贝被强制禁止流通。三年后,土著法修改后规定商品交易必须要用法国法郎,否则会有处罚。法国花了近50年来让法郎在其殖民地"被接受"③。

殖民地银行的核心作用

没有殖民地银行,殖民货币替代当地货币④〔这被人类学家们称为"货币替代"(transition monétaire)〕就不可能成功。

---

① Régis ANTOINE, *L'Histoire curieuse des monnaies coloniales*, ACL, Nantes, 1986, p. 177.

② *Ibid*.

③ Mahir ŞAUL, «Money in colonial transition», *loc. cit.*; Boubacar S. DIALLO, «Des cauris au franc CFA», *loc. cit.*

④ Mahir ŞAUL, «Money in colonial transition», *loc. cit.*

在法国的非洲殖民帝国内，塞内加尔银行（Banque du Sénégal）是最早建立的殖民地银行之一。塞内加尔银行的总部设在塞内加尔北部城市圣路易（Saint-Louis），得益于法国在 1848 年 4 月 27 日废除奴隶制后对奴隶公司的"补偿"，塞内加尔银行于 1855 年开始运营①。塞内加尔银行是一家"贷款和贴现"银行，由波尔多的贸易公司控制。尤其是莫雷尔-普罗姆公司（Maurel et Prom），它们利用塞内加尔银行来阻止它们的非洲竞争对手获得购买本地和进口产品所必需的信贷，从而遏制后者的发展②。

　　1901 年，塞内加尔银行被解散，之后立刻被西非银行（BAO，Banque de l'Afrique occidentale）取代。这个新金融机构的总部设在巴黎，1901 年通过的法律授予了西非银行在法兰西银行的监督下发行法郎的特权：今后将由西非银行在法兰西帝国的非洲部分发行纸币和硬币。西非银行因此成为了"唯一同时具备发行银行、商业银行和投资银行功能的信贷机构③"。西非银行只为宗主国的利益服务，特别是那些倾注了其大部分资源的进出口公司，这不利于它们的非洲竞争

---

① Yves E. AMAÏZO, *Naissance d'une banque de la zone franc：1848 - 1901. Priorité aux propriétaires d'esclaves*, L'Harmattan, Paris, 2001; Ghislaine LYDON, «Les péripéties d'une institution financière：la Banque du Sénégal, 1844 - 1901 », *in* Charles BECKER, Saliou MBAYE, Ibrahima THIOUB（dir.）, *AOF：réalités et héritages. Sociétés ouest-africaines et ordre colonial, 1895 - 1960*, Direction des Archives du sénégal, Dakar, 1997, pp. 475 - 491.

② Amadou Aly DIENG, *Le Rôle du système bancaire dans la mise en valeur de l'Afrique de l'Ouest*, Nouvelles Éditions africaines, Dakar, 1982, p. 43.

③ *Ibid.*

对手。1929 年 1 月 29 日的法律延续了西非银行在法属西部非洲、法属赤道非洲、喀麦隆和多哥发行法郎的特权。4 年前，1925 年 12 月 22 日通过的法律创建了马达加斯加银行（Banque de Madagascar），这家银行享有在马达加斯加及其属地发行货币的特权。1943 年，西非银行将在法属赤道非洲和喀麦隆发行货币的特权转交给了法国海外领地中央银行（CCFOM，Caisse centrale de la France d'outre-mer），后者最初是一个在 1941 年成立的名为自由法国中央银行（Caisse centrale de la France libre）的公共机构。

　　法国的储蓄银行进驻非洲大陆的时间相对较晚。1939 年，国家贸易和工业银行（Banque nationale pour le commerce et l'industrie）进驻塞内加尔，紧随其后的是里昂信贷银行（Crédit lyonnais）和法国兴业银行（Société générale）。它们是"贸易经济"（économie de traite）计划的一部分。"贸易经济"这个词指的是将资源——人力、农产品、各种原材料、钱财——输送至非洲港口，从而运往宗主国的行为[①]。这些银行重视沿海地区（塞内加尔、达荷美、科特迪瓦）而忽视内陆地区（法属苏丹、上沃尔特、尼日尔），并且资助以出口法国为目的的生产活动。因此，这些银行的顾客主要是专门从事贸易的私营殖民公司，这些公司本身也从垄断经营中受益。

---

① Jean DRESCH, «Les investissements en Afrique Noire», *Présence africaine*, n° 13, 1952, p. 232 - 241; Joseph KI ZERBO, «L'économie de traite en Afrique Noire ou le pillage organisé (XVe - XXe siècle)», *Présence africaine*, Nouvelle série, n° 11, décembre 1956-janvier 1957, p. 7 - 31.

　　这些银行和公司组成的共同体符合"殖民条约[①]"的逻辑。"殖民条约"涉及四条规则：殖民地在满足向宗主国提供原材料（后者将其转换为成品再出售给前者）之前被禁止工业化；宗主国垄断殖民地的进出口贸易；宗主国还垄断殖民地对外贸易的运输权；宗主国对殖民地的产品给予贸易优惠[②]。这个"殖民条约"建立了一种依赖关系，迫使殖民地持续地配合宗主国的经济形势及其经济发展。

法国建立"法郎区"（1939）

　　在两次世界大战之间，法国重新组织了它的殖民帝国。这一时期的特点是 1929 年世界经济危机和采取贸易保护主义措施的大国之间的激烈竞争，这一世界货币体系衰落的时期见证了新形式的贸易和货币一体化的诞生。

　　1931 年，英国放弃了金本位制。这一货币制度出现于 19 世纪 70 年代，直至第一次世界大战，在 20 世纪 20 年代又被恢复了。这一货币制度建立在黄金之上：货币单位（英镑、美元、法郎等）用固定重量的黄金来确定价值，并且可以与黄金自由兑换。通过这一机制，各种货币之间保持固定汇率：它们各自的价值是稳定的。为

---

① Joseph KI ZERBO, «L'économie de traite», *loc. cit.*

② BANQUE CENTRALE DES ÉTATS DE L'AFRIQUE DE L'OUEST（BCEAO），*Histoire de l'Union monétaire ouest-africaine*，tome 1，Georges Israël Éditeur，Paris，2000，p. 256.

了保证货币的可兑换性，各国央行必须根据其拥有的黄金储备来限制货币发行量。

在退出这一体系后，英国以其货币英镑为中心建立了一个货币区。这一货币区被命名为英镑区，汇集了采用英镑作为国家货币的国家、货币附属于英镑的国家和持有英镑作为储备的国家。伦敦的目标是保护英镑的价值，同时在其殖民帝国内部推动贸易往来。英国政府在英镑区内部采用自由贸易原则，但对外则采取贸易保护主义措施。

法国紧跟英国的步伐，在 1936 年放弃了金本位制。从第二次世界大战初期开始，即 1939 年，法国禁止了法国本土和外国的贸易和金融活动。在接下来的几个月内，这些措施被强制在法兰西帝国内部推行，这正式宣告了"法郎区"（zone franc）的诞生——但是这些措施由于战争的原因而没有被强制执行。

英镑区不仅包括英国殖民地和属地，还包括主权国家；法郎区则以法国本土为中心，聚集了法国在非洲、亚洲、太平洋、美洲和安的列斯的殖民地和属地，构成了一个比英镑区小且没有英镑区繁荣的整体。两者还有一点不同：法郎不是国际主要货币，相反，英镑是一种储备货币，也就是说英镑是各个央行的外部资产、国际商业交易、国际投资者金融资产的主要外汇之一[①]。

法郎区和英镑区都基于相同的逻辑：对内实行自由贸易，对外实行贸易保护主义。法郎区由一个极度集权的机构来管制货币和协调法郎区的对外贸易。因此，法郎区制定了一项共同的外汇交

---

① CONSEIL ÉCONOMIQUE ET SOCIAL, «Les problèmes monétaires de la zone franc», séances des 10 et 11 mars 1970, *Journal officiel de la République française*, 15 avril 1970.

易政策。实际上,这意味着涉及法郎区与外部用外汇进行交易的规则都由巴黎决定,并在整个法郎区内一致执行。法郎区的进口也置于法国政府的管理之下,因为进口涉及购买外汇然后付款。为此,法国建立了一个置于法兰西银行管理之下的外汇交易稳定基金(Fonds de stabilisation des changes)。这个基金集中并共享法郎区内所有外汇,垄断外汇买卖。对外贸易协调政策的目的在于组织殖民帝国内部的贸易:断绝殖民地与国际市场的联系,并在法国本土及其帝国之间建立特殊的商业联系,即法郎区应该给予法国本土贸易优惠(优惠的费率、整个法郎区的共同关税、殖民地的出口配额应该优先供应法国本土等)[①]。法国自此之后拥有了保护其货币和贸易的武器。

虽然法国采取了这些措施,但是第二次世界大战仍然割裂了法国本土及其帝国之间的联系。法国本土分裂为支持德国占领者的力量和抵抗运动的力量,法兰西帝国则承受着这种法国本土撕裂带来的后果。1945 年,巴黎被迫放松对其非洲殖民地的控制。法国的非洲殖民地在战争中发挥了决定性作用,非洲殖民地的人民在遭受了战争的苦难后要求改善生活条件。在美国和苏联这两个新兴大国主张捍卫"人民自决的权力"后,形势对社会和政治请愿的出现更加有利。

在 1944 年 2 月举行的布拉柴维尔会议上,法兰西民族解放委员会(CFLN, Comité français de libération nationale)主席戴高乐将军(général de Gaulle)承诺改善殖民地物质上和道义上的福利。

---

① A. GARCIA, «Situation de la zone franc», *L'Information géographique*, vol. 25, n°
1, 1961. p. 23 - 30.

例如，工会自由在 6 个月后得到认可。1946 年，结社自由得到承认、强制劳动被废除、法国公民身份被扩展至殖民地，这还有利于殖民地获得更好的政治代表权。还创建了一个海外领地经济社会发展投资基金（FIDES, Fonds d'investissement pour le développement économique et social des territoires d'outre-mer）。这些改革生效的同时，由 1946 年 10 月 27 日宪法批准的法兰西联盟（Union française）体系诞生了，这一体系将法国本土及其殖民地［从此以后用"海外领地"（territoires d'outre-mer）这一表达来指代殖民地］置于同一个整体中。

从经济角度看，第二次世界大战使法国消耗殆尽。物资普遍短缺，物价上涨到了令人担忧的程度：1939 年至 1944 年，法国物价上涨了 150％，而美国和英国大约为 30％[1]。公共赤字和外债到了难以维系的地步。外汇储备（黄金和外币资产）不足以支付进口所需款项。法郎的平价，也就是法郎相对于其他国家货币的价值，在这种情况下难以维系：对美元和英镑的贬值无法避免。战争对各地的影响各不相同：法国本土的通货膨胀高于殖民地，这让法国本土受到了更多的影响。法国海外领地中央银行（Caisse centrale de la France d'outre-mer）行长安德烈·波斯特尔-维纳（André Postel-Vinay）在一份于 1945 年 12 月 10 日交给财政部部长勒内·普列文（René Pleven）的报告中认为法郎必须贬值，但是要根据地域采用不同的贬值幅度[2]。

---

[1] BCEAO, *Histoire de l'Union monétaire ouest-africaine*, op. cit., p. 451.

[2] Hélène D'ALMEIDA-TOPOR, «La création du franc CFA», in COMITÉ POUR L'HISTOIRE ÉCONOMIQUE ET FINANCIÈRE DE LA FRANCE (dir.) *La France et l'outre-mer. Un siècle de relations monétaires et financières. Colloque tenu à Bercy, les 13, 14 et 15 novembre 1996*, 1998, pp. 523 - 528.

非洲法郎的诞生(1945)

至此,除了印度支那的银元和本地治里(Pondichéry,印度)的卢比[1],在法兰西殖民帝国大部分地区流通的是法国法郎,尽管纸币和硬币的外观由于发行机构的不同而不同。巴黎决定实行的贬值终结了这种"单一货币":事实上,这将导致帝国的一些地区创立新的货币单位。

1945 年 12 月 25 日,临时政府总统戴高乐将军、财政部部长勒内·普列文和殖民部长雅克·索斯代勒(Jacques Soustelle)签署了 n° 45 - 0136 法令,创立了法属太平洋殖民地法郎(franc des Colonies françaises du Pacifique,CFP)和法属非洲殖民地法郎(franc des Colonies françaises d'Afrique,CFA)。从此以后,非洲法郎(franc CFA)成为了法属西部非洲、法属赤道非洲、喀麦隆、多哥、法属索马里、马达加斯加和留尼旺的货币。

1944 年 7 月,44 个国家签署了布雷顿森林(Bretton Woods)协议后,建立了一个新的国际货币体系,非洲法郎就在这种情况下诞生了。这一体系认可了美国的霸权,在华盛顿建立了新的超国家机构:国际货币基金组织(FMI, Fonds monétaire international)和国际复兴开发银行(Banque internationale pour la reconstruction et le développement)(后来变成了世界银行,Banque mondiale)。

---

[1] COMITÉ MONÉTAIRE DE LA ZONE FRANC, *Premier rapport annuel du comité monétaire de la zone franc*, Imprimerie nationale, Paris, 1953, p. 17.

在这一体系中，所有货币都应该在国际货币基金组织登记，和美元采用可调节的钉住汇率制。我们称这一体系为"固定平价"。同年12月25日，法国政府向布雷顿森林体系的机构宣布了法郎与美元的新汇率：1美元可以兑换119.10法郎（之前可兑换49.6法郎）①。12月26日，巴黎宣布非洲法郎与法郎的汇率为1非洲法郎=1.70法国法郎。非洲法郎以这种方式在国际货币体系中获得了正式身份。

同一天，法国制宪会议（Assemblée constituante française）批准了布雷顿森林协议。财政部部长普列文借此机会宣称非洲法郎的创立结束了法国本土及其非洲殖民地之间的单一货币，标志着"殖民条约的终结"。普列文强调称，这个新体系符合法国本土对公平的考虑，"显示了它的慷慨、无私，不愿将自身贫困的后果强加给远方的女儿们"。普列文还补充说："这项创新符合我们在布拉柴维尔会议上表达的关切，公平地考虑到法兰西联盟每个成员的利益，尊重它们各自的需求和当地的形势②。"

如果法国法郎的贬值和殖民地法郎的创立可以被视为一个积极信号，那么普列文宣布的原则则远非他所谓的"慷慨的"。因为非洲法郎汇率的确定没有考虑不同殖民区域真实存在的特殊性。在第二次世界大战期间，法属赤道非洲内部的物价上涨情况比法属西部非洲更为严重。法国政府如果真的想要"公平考虑不同地方的利益"，那么应该设计两种货币，一种给法属西部非洲，另一种给法属赤道非洲，并赋予这两种货币与这两个区域的经济情况相

---

① BCEAO, *Histoire de l'Union monétaire ouest-africaine*, op. cit.

② Assemblée nationale constituante, Séance du 26 décembre 1945, *Journal officiel de la République française*.

符的汇率。但事实并非如此。更糟的是,巴黎给非洲法郎赋予了
过高的价值——1 非洲法郎可以兑换 1.7 法国法郎——这不适合
法属西部非洲和法属赤道非洲的经济水平,强加给这两个地区一
种高估的货币。历史学家伊莲·达尔梅达-多普尔(Hélène
d'Almeida-Topor)指出,非洲法郎有比法郎"更高的价值","这种价
值上的优势即使在战争刚结束的时候也没有有效的经济基础,更
不必说以后了"。英属西非殖民地的情况则与法属殖民地不同,这
里的殖民货币单位的价值为"英镑的一半",这一汇率反应了"宗主
国及其殖民地经济生活水平的差异"①。

事实上,法国财长创立非洲法郎旨在让法国重新控制其殖民
地。因为在战争期间,这些殖民地的贸易关系变得多元化。1939
年,法国在法属西部非洲出口所占比重为 85%,在法属赤道非洲出
口所占比重 74%。1945 年,这一比重分别下降至 56% 和 47%。在
同一时间段内,法国在法属西部非洲进口所占比重从 64% 下降至
23%,在法属赤道非洲从 45% 下降至 4%②。然后,虚弱的法国经
济需要夺回失去的市场份额,保证原材料供应。在这种情况下,估
值过高的非洲法郎对巴黎有利。非洲法郎价值比法国法郎高,这
让法国本土的产品变得更加便宜。这将促使殖民地增加从法国本
土的进口。相反,强势的非洲法郎使得其用于出口的产品比亚洲、
拉丁美洲的竞争对手的产品更贵。为了销售其产品,这些殖民地
不得不重新转向宗主国。因此,殖民地的贸易流量重新转向有利
于法国的方向,法国在进出口中均受益,还不用动用其外汇储备。

---

① Hélène D'ALMEIDA-TOPOR, «La création du franc CFA», *loc. cit*, p. 528.
② Rémi GODEAU, *Le Franc CFA. Pourquoi la dévaluation de 1994 a tout changé*,
Sépia, Saint-Maur, 1995, p. 35.

  非洲法郎的诞生远非"殖民条约"的终结，反而重新建立了非常有利于法国的贸易关系。新货币的创立也让"惟命是从原则"（principe d'automaticité）得到了制度化：殖民地货币和宗主国货币保持固定汇率，这让殖民地丧失了调整汇率的可能性，不得不被动接受宗主国根据其需要而改变法国法郎外部价值的单边决定[1]。"海外领地"因此要为法国法郎的不稳定付出代价。1948 年 1 月 26 日，法国法郎贬值 44%。非洲法郎也进行了同样程度的贬值。1948 年 10 月 17 日，法国法郎再次贬值，但是这次法国政府选择调整非洲法郎的汇率：1 非洲法郎今后可以兑换 2 法国法郎。1958 年 12 月 27 日，"新法郎"（被称为"重法郎"，franc lourd）创立时，非洲法郎的汇率做出了同比例的调整。后来，在 1958 年至 1986 年期间，法国法郎经历了四次贬值[2]，每次都对使用非洲法郎的殖民地产生了影响。

  法国国民议会（Assemblée nationale française）的一些非洲议员深知惟命是从原则让非洲法郎服务于"殖民条约"。在 1949 年 6 月 21 日的议会会议上，后来的达荷美总统苏鲁－米冈·阿皮蒂（Sourou-Migan Apithy）为非洲法郎缺乏自主权而感到悲痛："非洲法郎不是一种自主货币，而是法国法郎的倍数，就好像十升（décalitre）是升（litre）的倍数一样。"这影射了非洲法郎比法国法郎强势。乍得进步党（Partie progressiste tchadien）创始人加布里埃尔·利西特（Gabriel Lisette）支持这一观点："非洲法郎的历史……

---

[1] Anthony MENSAH, «The process of monetary decolonization in Africa», *Utafiti*, vol. 4, n° 1, 1979.

[2] Nadim M. KALIFE, «La genèse du franc CFA», *in* Kako NUBUKPO, Martial ZE BELINGA, Demba Moussa DEMBELE, *Sortir l'Afrique de la servitude monétaire. A qui profite le franc CFA?*, La Dispute, Paris, 2016, pp. 81 - 100.

是强化殖民条约最好的例证。"工人国际法国支部代表（SFIO，Section française de l'internationale ouvrière）、后来的塞内加尔国民议会议长拉明·盖伊（Lamine Guèye）利用非洲法郎直接揭露了法兰西联盟的虚伪性，法兰西联盟虽然在平等文件上宣布了各项权利和义务，但落实到殖民地居民身上却"只有义务而没有一点权利"。对殖民地来说，义务在于"为了让宗主国获得更好的境遇、更有保证的供应"。殖民地还有义务"以低于国际市场行情的价格销售它们的产品，即使它们可以以国际价格销售其产品"，"以高于国际市场行情的价格购买产品，即使它们可以有别的选择"，更糟糕的是，它们"无法使用自己的产品挣来的外汇"。拉明·盖伊总结道："作为交换，我们获得了什么？一些承诺①。"

　　然而，这些议员的批评没有对非洲法郎的运转产生任何影响。对非洲法郎享有控制权的法国在接下来的一些年中只对非洲法郎进行了一些调整。货币发行机构变成了公共机构：1955 年建立了法属赤道非洲和喀麦隆货币发行机构（Institut d'emission de l'Afrique équatoriale française et du Cameroun）和法属西部非洲和多哥货币发行机构（Institut d'emission de l'Afrique occidentale française et du Togo）。1959 年，这两个机构分别被赤道非洲国家和喀麦隆中央银行（BCEAEC，Banque centrale des États de l'Afrique équatoriale et du Cameroun）和西部非洲国家中央银行（BCEAO，Banque centrale des États de l'Afrique de l'Ouest）代替，这两家中央银行被置于法国国库的监管之下，总部都设在巴黎。

---

① Assemblée nationale，3ᵉ séance du 21 juin 1949，*Journal officiel de la République française*.

不完全的独立

20 世纪 50 年代，反殖民运动蓬勃发展，特别是 1954 年法国在印度支那的失败和 1955 年 4 月在万隆（印度尼西亚）召开的"不结盟"会议。为了避免完全失去其殖民帝国，法国在一些地方（例如喀麦隆）残暴镇压独立运动。为了缓和紧张局势，法国尝试通过 1956 年的框架法赋予殖民地更多的自治权。1958 年 5 月，重新掌权的戴高乐将军提出了"共同体"（Communauté）的计划来代替法兰西联盟，"共同体"聚集了"法国"和"海外领地"。他明确指出："每一个殖民地都将成为一个自治的国家，而外交、国防、货币、经济和金融政策、原材料政策、司法、高等教育、远距离通讯则将构成一个共同统筹的领域[①]。"

事实上，在这份慷慨的"共同统筹"背后，这一措施旨在让法国掌控共同体，保持对以上领域的控制。1958 年 9 月 28 日，举行了一场公投：每个相关的非洲殖民地的公民应该选择是否加入这一共同体。除了几内亚宣布独立外，"是（oui）"在其他殖民地占多数。"共同体"体系因此诞生了，法兰西帝国被保留了下来。缩略词 CFA 从此之后代表法兰西共同体非洲（Communauté française d'Afrique）。巴黎维持了对法郎区货币政策的控制。非洲法郎仍然是非洲"海外"领地的货币，其汇率仍然保持固定。按照章程，只有共同体的最高权力机关——事实上是法国政府——具有调整汇

---

① BCEAO，*Histoire de l'Union monétaire ouest-africaine*，tome 2，Georges Israël Éditeur，Paris，2000，p. 11.

率的资格①。

20 世纪 60 年代初,非洲大陆正在进行非殖民化,宣告了英国、比利时、西班牙和葡萄牙殖民帝国及其货币区的逐步瓦解②。逐渐成为独立国家后,这些前非洲殖民地采用了本国货币。

法国是唯一在非洲维持其货币区的前宗主国。在这一点上,应该区分北部非洲国家和撒哈拉以南非洲国家。摩洛哥和突尼斯之前是法国的保护国,保护国的身份给予了这两个国家一定的自主权。在 1956 年获得独立后,这两个国家各自发行了本国货币。而阿尔及利亚则成为了法国的一个省,在一场漫长的流血的独立战争后,阿尔及利亚于 1962 年获得了独立:在这一背景下,阿尔及利亚的领导人很难放弃主权最鲜明的象征之一——本国货币。因此,马格里布三国毫不迟疑地退出了法郎区。

撒哈拉以南的非洲国家则不同:事实上,在亚洲和北非遭遇了猝不及防的打击,先后在印度支那和阿尔及利亚被民族武装运动击败之后,法国决定在其帝国的其他部分抢先下手。尽管非殖民化显得不可避免,但是为了保留在撒哈拉以南的"势力范围",法国萌生了在筹备独立时清除其实质性内容的想法。这也是为什么巴黎尽力把它选择的领导人扶植上台③,并且设置一些条件来掌控某些具有战略意义的部门。在给予它们"独立"之前,法国政府强迫这些未来的国家签订了一长串所谓的"合作"协议。法国总理米歇

---

① *Ibid*., p. 37 – 38.

② Anthony MENSAH, «The process of monetary decolonization in Africa», *loc. cit.*; ECONOMIC COMMISSION FOR AFRICA, «Report on the expert group on an African payments union», Addis Abeba, 4 février 1964.

③ Nicolas BANCEL, «La voie étroite: la selection des dirigeants africains lors de la transition vers la décolonisation», *Mouvements*, vol. 21 – 22, n° 3, 2002, p. 28 – 40.

尔·德勃雷（Michel Debré）在 1960 年 7 月致加蓬总理莱昂·姆巴（Léon Mba）的信中清楚地总结了有条件独立的原则："只要保证国家独立后遵守合作协议，我们就允许独立……两者缺一不可[1]。"

与其说这是合作，不如说这是放弃主权。与正式的政治独立相反，这些新建立的国家不得不授予法国在"共同体"规定领域内的管理权：外交、国防、原材料和战略物资的贸易及开采、经济、货币、金融、高等教育、商业海运、民航等等。法国以这种方式保护它在前殖民地及其资源上拥有的权利。因此，在 1960 年 8 月 17 日加蓬独立时，法国与加蓬缔结的关于原材料和战略物资的协议规定："加蓬共和国为法国武装部队储存原材料和战略物资提供便利。在国防利益需要的情况下，加蓬将限制或禁止这些物资出口至其他国家。"至于经济、货币和金融协议则规定法兰西共和国和加蓬共和国维持"互惠体制框架内的贸易关系"。

货币是这一体系的核心。法国当局承认其前殖民地的权利，但阻止它们享受这些权利。法国当局也正式承认非洲国家有拥有自己的货币及发行机构的权利，但其实没有向它们提供这一选项。例如，中非共和国、刚果共和国、乍得共和国共同签署的经济货币协议第 2 条规定："赤道非洲国家确认加入货币联盟，它们是法郎区的成员国。"第 16 条明确指出："赤道非洲国家和法郎区外国家产生的所有收支都要通过巴黎外汇交易市场来进行外汇买卖。"这意味着，这些国家不得不将它们的外汇储备置于法国国库下的一个特殊账户，并且通过巴黎外汇交易市场来实现与法郎区外国家

---

[1] Jean-François OBIANG, *France-Gabon. Pratiques clientélaires et logiques d'État*, Karthala, Paris, 2007.

的交易，我们将在下一章详细论述。

在所有协议的法律跟进方面，共同体国家关系国务秘书（secrétaire d'État）让·福耶（Jean Foyer）特别有影响力。1960 年 7 月 6 日，这位被认为是第五共和国"开国元勋"之一的立宪主义者在法国国民议会上为和马里联邦以及马达加斯加共和国签订的"特殊协议"有关的法案进行辩护——这两个共和国是第一批签订"合作协议"的国家，分别于宣布独立后的第 3 天和第 2 天签订了"合作协议"。他的言论说明了独立的方式是"协商的"："我们记得新独立的这两个国家，它们的历史与我们国家的历史交织在一起，希望它们第一个主权协议是和我们签订的。"他认为："这些国家的做法是理智的。它们完全明白不能中断持续了如此长时间的情感、文化和经济联系。"他还强调，重要的是"我们从他们那里获得了在我们的经济关系中建立互惠机制的承诺，以及这些国家仍然留在法郎区"。

7 月 11 日，让·福耶在参议院以新国家在人力、物资、技术、财政和军事上存在不足为由为和马里联盟及马达加斯加共和国的协议进行辩护："法国有权说它的殖民是一件成功的作品。它将是成功的作品，因为它将有明天。"他列举了一些法国可以从这些协议中获得的好处，特别是："在国防方面，这些协议给予了我们部署军事基地的特权，军事基地在国际战略上的重要性无须赘述。在经济方面，这些协议维持了我们产品优先的销售市场。这可以让我们用法郎进行购买付款[①]。"也就是说，法国不需要使用外汇，例如美元，就可以在使用非洲法郎的国家购买产品和服务：这也节省了

---

① Sénat, Séance du 11 juillet 1960, *Journal officiel de la République française.*

这些国家的外汇储备。

正如后来的部长和宪法委员会成员伊夫·盖纳（Yves Guéna）所说的那样，"重要的是保住了既得利益：没有悲剧的独立和对法国友好①"。这种获取国际主权的独特方式是法国强加给其前殖民地的。在法国，唯一的反对声音来自共产党议员和参议员。根据参议员路易·纳米（Louis Namy）在 1960 年 7 月 11 日发表的言论，他们在这些合作协议中看到了一种统治非洲国家的新方式，并且让非洲国家服从于"殖民社会的利益"。1960 年 7 月 19 日，议员保罗·塞莫拉斯（Paul Cermolacce）宣称，一些非洲领导人参与了同谋，充当了"殖民主义的助手"。皮埃尔·维荣（Pierre Villon）指出，在经济、货币和金融领域，这些协议有利于"限制法律承认的主权。限制向法国以外的其他国家销售战略性原材料。鉴于我们国家拥有对这些年轻国家的施压手段，优先体制和与法国磋商的义务大大削减了非洲国家和任何其他国家签订贸易、金融、关税协议的权利②"。

20 世纪 60 年代初，得益于"合作协议"，除了几个例外，法国的前非洲殖民地都保留了非洲法郎。

---

① Assemblée nationale, Séance du 7 février 1963, *Journal officiel de la République française*.

② Assemblée nationale, Séance du 6 juillet 1960, *Journal officiel de la République française*.

第二章

非洲法郎体系

非洲法郎和科摩罗法郎的运行机制建立在货币联盟共同的规则之上，但也有其独一无二的特征。如果我们想了解这些如此特殊的货币的历史及其造成的问题，那么从这些货币的技术层面进行理解至关重要。以公众无法理解为借口，这些货币的技术层面至今很少向公众公布。事实上，那些掌控非洲法郎体系的人之所以将货币的技术层面置于不透明的面纱之后，是因为他们想要避免货币和经济问题变得过于政治化。

四大原则

当 1939 年建立法郎区时，法国正致力于将其殖民帝国打造成商业和货币护盾，在国际货币、经济和政治危机的背景下保护其经济。这一货币联盟汇集了法国在非洲、亚洲、太平洋、美洲和安的列斯群岛所管辖的领地，采用共同的外汇政策。共同的外汇政策可以控制联盟内部的外汇买卖，进而保护法国法郎相对于其他外国货币的价值。自 1945 年起，随着殖民地法郎的应用，法郎区拥有好几种货币单位：非洲法郎、摩洛哥法郎、阿尔及利亚法郎等。虽然这些货币的名称不同，但是这些货币通过固定汇率和法国法郎绑定在一起，可以和法国法郎无限制兑换。因此，这些货币被视为法国法郎的倍数或约数。正如法郎区货币委员会（COMOZOF，Comité monétaire de la zone franc，建立这一委员会的目的在于在法郎区内部"协调货币发行"）1953 年发布的第一份报告所言[1]："尽管法郎区的货币名称多样且有多个发行机构，但是这些货币之间是可以通过固定汇率进行无限制自由兑换的。事实上，法郎区可以被视为配备了单一货币。"

　　第二次世界大战之后，叙利亚、黎巴嫩和法属索马里一起退出了法郎区。1954 年末，印度支那三国越南、柬埔寨和老挝也退出了法郎区。1955 年，法郎区包括：法国本土和德国的萨尔州（Sarre，1947 至 1959 年）使用法国法郎；瓜德罗普、马提尼克、圭亚那、摩洛哥、突尼斯和阿尔及利亚的法郎可以通过固定汇率和法国法郎进行兑换；新喀里多尼亚（Nouvelle-Calédonie）、法属波利尼西亚（Polynésie française）和英法共管的新赫布里底群岛（les Nouvelles-Hébrides）共同使用太平洋法郎（franc CFP）；法属西非、法属赤道非洲、多哥、喀麦隆、马达加斯加、科摩罗、圣皮埃尔和密克隆群岛（Saint Pierre et Miquelon），以及留尼旺使用非洲法郎。

　　法郎区在非洲国家取得独立后继续存在，自 1962 年起只包括

---

[1] COMITÉ MONÉTAIRE DE LA ZONE FRANC, *Premier rapport annuel ...*, *op. cit.*, 1953.

撒哈拉以南非洲国家及法国和三个使用太平洋法郎的领地——新喀里多尼亚、法属波利尼西亚，以及瓦利斯群岛和富图纳群岛（Wallis-et-Futuna）。如今，法郎区在非洲大陆上有三个货币联盟：西非经济货币联盟（UEMOA，包括贝宁、布基纳法索、科特迪瓦、几内亚比绍、马里、尼日尔、塞内加尔和多哥）、中非经济货币共同体（CEMAC，包括喀麦隆、刚果（布）、加蓬、赤道几内亚、中非共和国和乍得）及科摩罗联盟。每个联盟都有一个中央银行：西非经济货币联盟有西非国家中央银行（BCEAO，Banque Centrale des États d'Afrique de l'Ouest），中非经济货币共同体有中部非洲国家银行（BEAC，Banque Centrale des États d'Afrique centrale），科摩罗联盟有科摩罗中央银行（BCC，Banque centrale des Comores）。西非经济货币联盟和中非经济货币共同体各自使用不同的非洲法郎：前者使用非洲金融共同体法郎（franc de la Com-munauté financière africaine），后者使用中非金融合作法郎（franc de la Coopération financière en Afrique centrale）。科摩罗联盟则使用科摩罗法郎。在货币联盟中，法国拥有"担保人"的特殊身份。

在非洲国家独立之时，法郎区的运行机制已经建立好了。1967 年发生了一场变革：随着外汇自由兑换在法国的恢复，之前不能自由兑换的法国法郎从此以后可以自由兑换了，间接地，非洲法郎也可以自由兑换了。自那时起，法郎区实际上不再是一个共同货币防御区，而可以被视为一个"货币合作"区①。此后，法郎区

---

① Patrick GUILLAUMONT et Sylviane GUILLAUMONT，« Zone franc et développement：les caractéristiques de la zone franc sont-elles dissociable?»，in Rodrigue TREMBLAY (dir.)，*Afrique et intégration monétaire*，les édition HRW，Montréal et Toronto，1972，pp. 289 – 350.

的成员身份由开设交易账户来落实,这一体系我们之后将详细介绍。虽然法国的外汇政策发生了变化,但是非洲法郎体系总体运行机制依旧建立在相互联系的四大原则之上：固定汇率、自由转移、无限兑换和外汇储备集中。

根据这些原则的第一条,即固定汇率,非洲法郎和科摩罗法郎以固定的方式与被称为"锚货币"(monnaie d'ancrage)的法国货币绑定：它们相对于法国货币的价值不会随着经济情况的变化而改变。除非法郎区当局决定改变其价值,否则其价值不能被改变。在 1958 年至 1994 年期间,1 非洲法郎一直可兑换 0.02 法国法郎(1 法国法郎可兑换 50 非洲法郎)。所有涉及法国法郎和非洲法郎的官方金融交易都是在这一固定汇率的基础上进行的。自从 1999 年欧元诞生,代替法国法郎成为新的锚货币后,无论发生什么情况,1 欧元都可兑换 655.957 非洲法郎或 491.96 科摩罗法郎。当锚货币的外部价值发生改变时,非洲法郎和科摩罗法郎的价值也会成比例地发生变化。例如,1948 年法郎贬值：法郎相对于美元贬值44％,非洲法郎也必须贬值44％来维持两者之间的固定汇率。

第二条原则是自由转移。这意味着日常交易(进出口结算、利润和红利汇回、外派劳工汇款等)和资本流动(证卷购买或金融投资)在法郎区内部是自由的,也就是说在非洲国家之间及非洲国家和法国之间。这些资金转移不受汇兑的限制。

法郎区运行机制的第三条原则是无限兑换。这意味着我们可以无限制地将非洲法郎和科摩罗法郎兑换成法国货币(先是法郎后来是欧元)。这一无限兑换由法国国库提供担保：通过与非洲国家签订的货币协议,法国国库承诺在法郎区央行的外部资产耗尽时,向其提供所需的贷款。这样做的目的在于：确保这些央行永远

有足够的外汇来进行外部结算或者日常外汇兑换,还要确保自由
转移在法郎区内永远不受限制。

这种可兑换性的特殊性在于只有在法国国库的监督之下才能
实现。在此范围之外,非洲法郎是不可兑换的:与几乎在全世界都
可兑换的美元或欧元相反,非洲法郎只能在它的发行区内进行兑
换。因此,一个带着非洲法郎前往法国的法郎区侨民将找不到可
以将非洲法郎兑换成欧元或其他外汇的官方兑换处。一个澳大利
亚游客带着非洲法郎回国后,除了将非洲法郎当作收藏品或者积
攒下来在下次法郎区之旅使用外,非洲法郎毫无用处。法郎区三
个非洲区域组织的货币在外汇市场上无法兑换这一事实本身不是
"不正常的":只有金融市场发达的富裕国家才拥有具有国际货币
地位的货币。应该明确指出的是,自 1993 年起,两种非洲法郎和
科摩罗法郎这三种货币之间是无法自由兑换的。一个塞内加尔人
到雅温得之后,无法使用西非国家中央银行发行的西非法郎在当
地进行交易。对他来说最简单的做法是,在离开塞内加尔前将西
非法郎兑换成欧元,在雅温得再进行同样的操作,将欧元兑换成中
部非洲国家银行发行的中非法郎。非洲法郎之间的不可兑换性造
成了对欧元的一种额外需求,欧元因此成为了非洲国家之间贸易
的特殊中介。

最后,第四条是外汇储备集中原则:西非国家中央银行、中部
非洲国家银行和科摩罗中央银行需要将一部分外汇储备放置于法
国国库。独立后,这些央行要上缴除日常流动资金、黄金储备和国
际货币基金组织的抵押外的所有外汇储备。这一比例在 20 世纪
70 年代初降为 65%。2005 年,西非法郎区外汇上缴比例降为
50%。2007 年,中非法郎区的上缴比例也降为 50%。这些中央银

行原则上有权力将其另一半外汇储备置于别处，例如它们在欧元区外的银行开设的账户。

外汇储备的集中是法国国库为无限兑换提供担保的交换条件。外汇储备的集中和法国的担保建立了一种双重关联。一重是垂直的关联，将法国和非洲国家通过可兑换性的担保联系在一起。另一重是非洲国家之间建立的水平的关联：通过将外汇储备放在一起，拥有最多资源和外汇的国家可以让拥有外汇少的国家从其外汇储备中受益。需要指出的是，虽然法国也是法郎区的成员，但法国不用将外汇储备置于一个"共同的罐子"（pot commun）。

核心：交易账户

运行机制四个原则的实施需要通过使用一个关键的工具来实现，即一个非常特别、法郎区特有的银行账户：交易账户（compte d'opérations）。这是法国当局在殖民时期创立的。交易账户被归入法国国库的"特殊账户"这一类，交易账户设立的目的在于让经济活动经营者可以在一个货币稳定（汇率固定）和没有限制（自由转移）的环境下从殖民地向法国本土进行付款，反之亦然①。1921 年，第一个交易账户是由法国国库和摩洛哥银行开设的，这延续了自 1878 年起和阿尔及利亚银行合作的经验。自 1952

---

① Michel LELART，« L'origine du compte d'opérations »，*in* COMITÉ POUR L'HISTOIRE ÉCONOMIQUE ET FINANCIÈRE DE LA FRANCE（dir.），*La France et l'outre-mer* ...，*op. cit.*，pp. 529 - 545.

年起，一部关于国库特殊账户的法律授予了财政部部长签署交易
账户协议的特权。

自 1955 年西非国家中央银行和中部非洲国家银行成立起，这
两家央行各自与法国财政部部长签署了开设交易账户的协议。科
摩罗货币发行机构（Institut d'émission des Comores）也签署了同
样的协议。（科摩罗货币发行机构在 1974 年取代了马达加斯加和
科摩罗银行，是 1981 年成立的科摩罗中央银行的前身）

如今，西非国家中央银行、中部非洲国家银行和科摩罗中央银
行各自在法国国库的账册上——会计记录——开设了一个交易账
户。这些央行应该上缴的那部分外汇储备正是放置于这些交易账
户之中，作为可兑换性担保的交换条件。这些交易账户是以欧元
计价的活期账户，将法郎区非洲国家外汇的流入和流出按时记入
账户的贷方和借方。出口、国际贷款、侨汇、外国投资，特别是发展
援助构成了外汇流入。例如，在西非法郎区，出口企业在收到出口
收入的一个月内，必须将其 80％的外汇收入调回本国并在西非国
家中央银行兑换成非洲法郎[1]。商业银行也受到类似义务的约束。
进口、国际贷款还款、利润和股息的汇出属于外汇流出的操作。置
于交易账户的财产不是"沉睡"在法国的储蓄、资金。交易账户的
运行机制是相对简单的：如果科特迪瓦向法国出口价值 4 亿欧元
的可可，那么这笔资金记入西非国家中央银行交易账户的贷方：
"＋4 亿欧元"。相反地，如果科特迪瓦从欧元区进口价值 4 亿欧元

---

[1] INTERNATIONAL MONETARY FUND（IMF），«West African economic and monetary union. Common Staff policies for member countries；Press release；Staff report；and the statement by the executive director for the WAEMU»，IMF Country Report n°18/106，avril 2018，p. 34.

的设备,那么这笔资金记入交易账户的借方:"－4亿欧元"①。

对这些特殊账户以及外汇集中率的监测是按照严格的规定来执行的。例如,根据中部非洲国家银行的交易账户协议,法国国库应该每天向中部非洲国家银行发送一份交易账户对账单。中部非洲国家银行应该每天向法国国库报告其欧元外汇余额。如果需要的话,为了符合50％的强制性配额,中部非洲国家银行必须向交易账户转账。西非国家中央银行和科摩罗中央银行也遵循类似的程序。当交易账户有结余时,我们可以因此认为这些央行向法国国库提供了资金,因为这些央行将其外汇交由法国国库支配。所以,法国国库要向这些央行支付利息。反之,当交易账户是负债的,这些央行则应该向法国国库支付利息。如果交易账户中的资金超过了强制性配额,超出部分将被置于一个被称为"配平"(nivellement)的有息账户。在外汇短缺的情况下,法国国库必须承担起担保人的身份,向这些央行提供贷款。例如,假设中部非洲国家银行在短期内必须应对用于从法郎区国家进口和偿还债务的5亿欧元外债,然而中部非洲国家银行的外汇储备处于零或接近零的状态,在这种情况下,法国国库可以向中部非洲国家银行提供这笔资金,并计入其交易账户的贷方。中部非洲国家银行则必须向法国国库支付利息,并尽力快速重建外汇储备。

交易账户中的资产,即强制配额的那部分外汇,享有国际货币基金组织的特别提款权(DTS, Droits de tirage spéciaux)的贬值担

---

① 应当指出的是,法国国库在每家央行都有一个用于在这些货币区内进行收支操作的账户:它在这里支付的款项(退休金支付、军事支出等)和收到的款项(与签发签证、行政文件相关的收入等)。如果它的账户是负债的,则记入交易账户的贷方,反之则记入交易账户的借方。

保。特别提款权是一种记账单位，其价值由一篮子储备货币（美元、欧元、英镑、人民币和日元）决定。这一担保可以避免因汇率变动而对央行造成损失。假设 2018 年 1 月西非国家中央银行在交易账户中拥有 100 亿欧元。如果 1 欧元可以兑换 1 美元，这就意味着西非国家中央银行潜在拥有 100 亿美元的购买力。但是，如果欧元在 2018 年 2 月至 12 月发生贬值，2 欧元只能兑换 1 美元，那么西非国家中央银行资产的价值就会下降：西非国家中央银行的 100 亿欧元只值 50 亿欧元。外汇担保可以阻止这类情况的发生。这也正是在 1969 年法国法郎发生贬值后，非洲国家认为这样的担保是必要的：因为这些非洲国家持有的外汇主要是法国法郎（在这一时期，这些非洲国家必须把它们所有的外汇储备置于交易账户之中），所以法国法郎的这次贬值造成了非洲国家外汇储备的损失。这一担保的实施机制于 1981 年建立[1]。

虽然这三家央行的货币没有被列入外汇市场，但是这三家央行可以通过交易账户间接接入外汇市场。因为法国国库充当了它们的"外汇兑换处"：它们通过巴黎外汇市场进行外汇交易[2]。除了欧元以外，巴黎对于所有与非洲法郎相关的外汇买卖来说都是无法回避的，原则是非洲法郎兑换外汇和外汇兑换非洲法郎都必须通过欧元来进行。具体而言，货币是这样兑换的：西非法郎区和中非法郎区的经济主体（家庭、企业、国家）拥有以非洲法郎计价的账户。当它们需要向法郎区外进行付款时，例如中国，这就意味着

---

① COUR DES COMPTES, « Pertes et bénéfices de change. Note d'analyse de l'exécution budgétaire 2017 », Cour des comptes (disponible sur ⟨www. ccomptes. fr⟩).

② Voir Michel LELART, «L'origine du compte d'opérations», *loc. cit.*

它们的银行需要购买外汇，这里是用非洲法郎购买人民币。银行先向央行支付非洲法郎，然后央行在交易账户上提取等值的资金。上述提取的这笔资金是欧元，接着要在巴黎外汇市场上兑换成人民币。至此，才能进行最后的付款。相反地，当同样的经济主体需要接收以欧元外的其他外汇计价的付款时，这一交易意味着需要用外汇购买非洲法郎，这些外汇必须在巴黎外汇市场上兑换成欧元。这些获得的资金被记入它们央行交易账户的贷方。央行兑换等值的非洲法郎然后汇入相关银行。我们可以把整个机制概括为：所有涉及非洲法郎的外汇买卖都必须通过交易账户来进行。

当我们说起"外汇储备集中"时，我们必须明白这涉及外汇交易集中至巴黎外汇市场①。例如，马里的某家公司向一位中国客户出售价值 100 万美元的棉花。中国客户付给这家公司的 100 万美金必须通过巴黎外汇市场兑换成欧元。然后，这笔欧元被记入西非国家中央银行交易账户的贷方，接着西非国家中央银行将等值的非洲法郎汇入这家公司的银行。对于一个法郎区外的非洲国家来说，同样的交易——接收美元付款——不需要通过巴黎，将美元兑换成欧元也不是一个必要的步骤。公司所在国的央行通过其指定的美元账户之一，例如在美国的账户，来接收这 100 万美金。然后，央行向出口公司的银行提供与 100 万美元等值的当地货币。这个例子很好地说明了交易账户中的资产在法郎区国家的货币总量中拥有它们的"交换物"、等价物。对于进入交易账户的每一欧元来说，与它等值的非洲法郎都会产生，并提供给它的收款人。

---

① Bernard VINAY, *Zone franc et coopération monétaire*, Ministère de la coopération, Paris, 1988(2ᵉ édition), p. 230.

机构等级制度

在所有与法郎区运行机制相关的活动中，五个参与者扮演了重要的角色：法国政府、法兰西银行、三家央行、商业银行和非洲政府。

法国政府通过从属于法国财政部的法国国库进行介入。法国国库提供可兑换性的担保，管理三家央行的"交易账户"。事实上，这三家央行处于法国国库的监督之下。法兰西银行是法国国库的银行，负责管理法国国库的账户，包括交易账户。法兰西银行也是西非国家中央银行、中部非洲国家银行和科摩罗中央银行的商务合作银行之一。这意味着这三家央行在法兰西银行拥有与交易账户不同的普通银行账户。例如，如果中部非洲国家银行想要向一位法国经营者执行一笔欧元转账，那么中部非洲国家银行可以向它在法国当地的商务合作银行——法兰西银行——下达执行这笔转账的指令。这三家央行正是通过这个商务合作银行体系来管理它们的外部财务关系。

中部非洲国家银行、西非国家中央银行和科摩罗中央银行负责发行货币，保证区域内货币和金融稳定。它们监督银行系统。西非国家中央银行和中部非洲国家银行在各自的成员国拥有国家级的机构。这些分支机构为纸币和硬币的流通、付款的执行和经济活动的后续评价提供了便利。根据成员国的意愿，它们可以在指定地点部署附属机构。科摩罗中央银行管理科摩罗联盟的官方外汇储备，而中部非洲国家银行和西非国家中央银行则管理各自货币联盟成员国放置在一个"共同的罐子"（每个国家的份额是众所周知的)中的官方外汇储备。根据货币协议,正如我们之前提到的,这些央行必须将50％的外汇储备置于法国国库,剩下的50％则可以自由支配。但是,我们注意到,这些央行经常用剩余的外汇购买欧元债券(特别是中部非洲国家银行),或者再次投资法国国库的债券或法国债券①——这可能会让我们认为"条条大路"不通向罗马,而是通向巴黎。

维持非洲法郎和科摩罗法郎相对于欧元的固定汇率是这三家央行的一个主要任务。为了这一目标,它们必须一直拥有足够的外汇储备来应对所有的非洲法郎和科摩罗法郎兑换外币的需求。如果它们没有足够的外汇储备,法国将激活它的担保职责来避免非洲法郎和科摩罗法郎贬值。

如果说中部非洲国家银行、西非国家中央银行和科摩罗中央银行是跨国机构,那么它们更像是"法国和非洲的"机构:法国代表在它们的董事会和负责制定货币政策的货币政策委员会中占有席位。这一人员配置是不对等的:例如,按照章程,非欧洲籍侨民在欧洲央行不占有任何席位,非美国籍公民在美联储中也不占有任何席位。

和外汇储备集中一样,法国代表占有席位也是法国国库担保非洲法郎可兑换性的一个交换条件。这可以让法国政府对这三家央行的外汇使用情况和货币政策行使监督权。没有法国政府的同意,这三家央行无法做出任何重大决定。

商业银行是这一体系的另一个重要参与者。央行将法国生产

---

① BANQUE DES ÉTATS DE L'AFRIQUE CENTRALE, «Comptes annuels. Exercice clos au 31 décembre 2016», p. 32.

的纸币和硬币交由商业银行支配。和其他现代的银行系统一样，商业银行，也被称为"第二级"银行，通过向它们的客户（国家、企业、家庭）授予信用来创造货币。商业银行创造货币：当商业银行发放贷款和"销毁"贷款时，经济主体的支付手段增加；当商业银行收回贷款的还款时，经济主体的支付手段减少。这一创造货币的活动受到央行的约束，央行可以通过下调或上调授予商业银行的现金执行利率来放松或收紧贷款的发放条件。央行也可以对商业银行的授信上限采取措施。央行还可以决定不直接借钱给它们区域内的国家和限制商业银行授予它们的信贷。

汇率和汇率机制

外汇储备（也被称为外部储备和外部资产）是央行拥有的国际支付手段，目的在于同它们的货币发行区以外的地方进行结算和保护它们货币的外部价值。外汇储备指所有外币资产，从广义上讲包括黄金资产。例如，当西非经济货币联盟成员国需要执行进口商品、偿还外债、向西非法郎区外汇款等操作的时候，西非国家中央银行从它的外汇储备中取出资金来实现这些操作。反之，当这些国家收到出口收入、官方发展援助、国际贷款、侨汇、外来投资等资金时，西非国家中央银行的外汇储备就会增加。

外汇储备是货币供应量的"交换物"之一。这意味着所有的外汇输入都需要央行创造等值的当地货币。例如，当一个在法国的加蓬人每月向在利伯维尔的家人汇 200 欧元，这 200 欧元被记入央行账户的贷方，央行需要创造等值的中非法郎，以便将这笔钱交给经手这笔汇款的金融机构处理。

外汇市场是进行外汇交易的制度框架。和我们所说的劳务市场和房产市场一样，外汇市场这个概念不是指一个特定的地点，而是指经济主体（特别是央行、商业银行、企业等）所表现出的外汇供求关系。

汇率是货币之间相互兑换的比率。汇率可以是固定的也可以是灵活的（也称为浮动的）。在第一种情况下，兑换比率一直是相同的，不一定反应外汇市场的趋势。欧元和非洲法郎之间的汇率就是这种情况。在第二种情况下，兑换比率根据国家的经济活力以及相关国家货币机构采取的政策而不断波动。欧元和美元之间的汇率就是这种情况。

当一些国家决定将它们的货币和另一种货币保持固定汇率时，这些国家的汇率机制就是一个固定汇率机制。法郎区国家相对于欧元区就是这种情况。在这类汇率机制之下，当绑定货币的国家决定下调与锚定货币原有的汇率时，货币就会贬值。例如，如果我们将 1 欧元 = 655.957 非洲法郎的固定汇率改为 1 欧元 = 1000 非洲法郎的固定汇率，那么非洲法郎就贬值了。需要更多的非洲法郎才能获得 1 欧元：非洲法郎的欧元购买力下降了，而欧元的非洲法郎购买力则上升了。反之，如果我们将 1 欧元 = 655.957 非洲法郎的固定汇率改为 1 欧元 = 300 非洲法郎，那么非洲法郎就升值了。从此之后,获取 1 欧元所需的非洲法郎减少了:欧元的非洲法郎购买力下降了,而非洲法郎的欧元购买力上升了。

当一些国家决定它们的货币不和任何一种货币保持固定汇率,让它们的货币的外部价值随着经济形势而变化时,这些国家的汇率机制就是一个灵活的或浮动的汇率机制。在外汇市场上,当对欧元的需求少于对美元的需求时——经济主体购买美元多于欧元,甚至将它们的欧元兑换成美元——欧元就会贬值,而美元则会升值。假设欧元兑换美元的汇率从 1 欧元 = 1 美元变为 2 欧元 = 1 美元,那么获得 1 欧元所需的美元就比之前少了。美元的欧元购买力上升了,欧元的美元购买力则下降了。

固定汇率有一个主要优势:减小汇率变动的不确定性。假设一个法郎区国家有 10 亿欧元的外债。当汇率为 1 欧元 = 655.957 非洲法郎时,10 亿欧元的价值为 6560 亿非洲法郎。当汇率为 1 欧元 = 1000 非洲法郎时,10 亿欧元则价值10000 亿非洲法郎。当经济体在贸易和金融层面高度融合时,固定汇率是有利的。例如,假设一个国家主要与欧元区国家进行贸易,并且有以欧元计价的债务存量。如果这个国家想要防止它的货币相对于欧元出现汇率不稳定的情况,那么这个国家将货币与欧元挂钩是有好处的。另外,对于有着宏观经济不稳定历史(高通胀、货币贬值等)的国家来说,与像欧元这样一种用正统方式管理的主要货币挂钩可以让它们的央行"进口""信誉",更好地抗击通货膨胀。这被认为有利于吸引投资。

固定汇率机制的弊端正是浮动汇率机制的优势。一个将自己的货币与另一种货币绑定的国家无法拥有自主的货币政策。它的货币政策不得不被用来维护固定汇率，而不能被优先用来刺激内部经济活动，即增加生产和就业。这种货币相对于其他货币（特别是竞争对手国家的货币）的汇率将由锚定货币的汇率来决定。因为汇率是固定的，所以汇率无法被用来缓和经济冲击或者提高本土产品的价格竞争力。因此，在货币联盟中，竞争力减弱的成员国无法使用汇率来进行调整，因为所有成员国的汇率都是一样的。在没有财政补贴的情况下，它们不得不压缩国内价格和国内支出来弥补汇率工具的不足。这就是我们所说的内部贬值，反映了"紧缩政策"的通俗概念。

在所有情况下，不管是哪一种汇率机制，本国货币相对于外国货币的价值必须反映经济基本面。在20世纪80年代中期，1尼日利亚奈拉可以兑换1美元。这一汇率是不可靠的，一点也没有反映出美国和尼日利亚之间发展的差距。一个货币估值过高（这种货币的价值相对于这个国家的经济基本面来说过高）的国家将很难出口它的产品，还会刺激大量进口产品。事实上，估值过高的货币对于出口来说就像是一种税收，对于进口来说就像一种补贴。因为它对贸易余额（货物和服务的出口总值和进口总值之间的差额）有负面影响，会导致外汇流出和货币贬值。

非洲法郎系统的最后一个参与者是非洲政府。在西非经济货币联盟和中非经济货币共同体中,非洲政府通过国家元首和政府首脑会议(Conférence des chefs d'État et de gouvernement)以及部长会议(Conférence des ministres)发挥作用,但这两个机构的作用是次要的。

一个良性循环

在殖民时期,这一组织结构为非洲国家的资源流向法国本土提供了便利。得益于非洲法郎可以用固定汇率自由兑换,并且可以自由转移,法国本土的企业可以自由地投资和撤资,自由地将利润转移至法国本土。非洲国家的储蓄也可以被投入到法国本土有利可图的投资中去。法属西部非洲和法属赤道非洲拥有单一的与法国法郎挂钩的货币,这大大降低了殖民当局和法国本土企业的交易成本。如果法国当局统治下的不同领地各自拥有汇率波动的货币,那么贸易结算将会更加复杂和昂贵[①]。非洲法郎体系也对组织"殖民条约"迫切需求的经济交流作出了贡献。正如我们在第一章看到的那样,非洲法郎的汇率被人为地固定在一个高位上,这给非洲的产品带来了负担:除了在法国本土授予的贸易优惠范围内,这些产品很难被销往国外。相反地,非洲法郎处于高位的外部价值有利于进口,特别是从法国本土进口。此外,法郎区银行体系的

---

① Eric HELLEINER,« The monetary dimensions of colonialism. Why did imperial powers create currency blocs?»,*Geopolitics*,vol. 7,n°1,2002,p. 5 – 30.

运行机制倾向于以有利于法国本土及其经营者的方式分配资源：在大部分情况下，生产信贷被专门留给产品出口至法国本土和通常可以带来外汇的部门，而不是面向内部市场的生产部门。那些可能与法国本土的企业和产品形成竞争的当地企业的银行融资是受到限制的。由于这一不利条件，再加上非货币领域的障碍，例如缺乏基础设施和贸易保护，非洲企业常常没有能力同外国企业在它们自己国家的市场上竞争。

当法郎区国家正在争取独立时，法国报纸《十字架报》（*La Croix*）在 1960 年 2 月 17 日这一期用了几乎一整页版面刊登了一篇法郎区的文章："法郎区让法国可以在不支付外汇的情况下获得某些原材料（铅、锌、锰、镍、木材、磷酸盐、油料作物……）。每年可以节省 2.5 亿美元外汇。1954 年，法国本土从法郎区（包括印度支那）购买了 3650 亿法郎的商品，向这些地方出售了 4650 亿法郎的商品（主要是制成品）。估计有 50 万法国本土的法国人依靠法郎区的经济活动谋生。相反地，法国本土也是法郎区的一个大客户①。"在陈述了这些事实后，文章的作者让·布瓦松纳（Jean Boissonnat）向法国读者解释道："非洲的政治演变引发了一场关于法郎区的全面反思。"他表达了对法郎区未来的看法："必须放弃货币集中化。每个国家应该拥有自己的货币和预算。"正如事情后续发展所呈现的那样，他的观点没有被采纳：除了一些行政管理层面的变化外，非洲法郎的运行机制没有随着非洲国家的独立而被改变。

---

① «La zone franc: survivance du passé ou promesse d'avenir», *La Croix*, 17 février 1960.

非洲法郎体系几乎没有变化，只不过是殖民时期流通的"单一货币"被另一种"单一货币"替代了：法郎区的四大原则使得非洲法郎和科摩罗法郎继续成为法国货币的卫星货币。喀麦隆经济学家约瑟夫·春迪昂·普埃米（Joseph Tchundjang Pouemi）在 1980 年指出："法国让一些政治独立的国家使用它的货币，且只使用它的货币，法国是世界上唯一实现这一壮举的国家[1]。"

根据法国政府 20 世纪 60 年代以来的官方说法，非洲法郎的首要目的在于给使用非洲法郎的经济体带来一种"稳定"。在法国政府看来，非洲法郎和法国货币之间的固定汇率（我们称之为"外部价值"的稳定）和法郎区内观察到的低通胀（我们称之为"内部价值"的稳定）——物价同比小幅上涨——为这种"稳定"提供了保障。这种"稳定"是央行实施的货币政策所产生的结果。央行必须服从在自由转移的背景下维持汇率稳定的需要，有责任保证交易账户尽可能少出现负债的情况。为了达到这一目的，法郎区国家的大部分银行贷款通常用于支付进口的货款，而这些法郎区国家的生产结构不是很多样化。如果一家企业获得了一笔贷款，它可能会使用这笔贷款来购买别的地方生产的设备。不过，这样的采购需要使用外汇，会因此导致外汇储备水平下降。为了避免出现外汇储备持续下降进而威胁固定汇率的情况，央行限制了国内信贷（提供给国家、企业和家庭的银行贷款总额）的增长。通过限制银行授予贷款的条件，央行力求阻止可能在经济体内引发支付手段过剩的价格上涨。事实上，央行必须尽量使通货膨胀率维持在

---

[1] Joseph Tchundjang POUEMI, *Monnaie*, *servitude et liberté. La répression monétaire de l'Afrique*, Menaibuc, Yaoundé, 2000（paru originellement en 1980 aux éditions Jeune Afrique），p. 27.

相对较低的水平：由于选择与欧元保持固定汇率，央行不得不让它们的货币政策与欧洲中央银行的货币政策保持一致，而欧洲中央银行货币政策旨在保持物价稳定。西非法郎区和中非法郎区的通货膨胀率通常处于欧元区的容许范围之内——小于 3%。

这种货币的"稳定"被认为有利于投资，特别是外来投资，被视为经济长期发展的引擎。非洲法郎体系的其他优势：法国国库对可兑换性的担保、对外国投资者可以自由投资和自由转移利润和红利的保证，再加上与欧元保持固定汇率，这些优势可以加强法郎区的吸引力。几十年来，非洲法郎体系的支持者强调非洲法郎体系在他们看来应该维持的一个良性循环：货币稳定、经济吸引力、投资涌入（特别是外来投资）、经济增长率增长。

还是一场骗局

然而，一切远非如此美好。官方的说法包含了很多隐言、简化和夸张，甚至是欺骗。吹嘘的"稳定"没有考虑到，例如，非洲法郎相对于美元和英镑的汇率是波动的，法郎区国家的大部分进口是以美元和英镑计价的，有时候它们的外债也是以这两种货币计价的。然而，这种波动会对它们的出口收入和外债总额产生影响。这种"货币稳定"也不能阻止生产增长和就业量的不稳定。

作为单一货币，非洲法郎还包含了一些限制：使用非洲法郎的国家无法选择适合它们国家经济情况的汇率水平。作为维持固定汇率手段的国内贷款限制也包含了不利的一面：这限制了内部发展融资的手段。经济学家马赫塔尔·迪乌夫（Makhtar Diouf）在

2002 年指出:"非洲法郎一直局限在稳定的功能,在经济中没有发挥任何积极作用①。"这种限制的后果之一是,如果非洲国家想要向它们的发展提供资金的话,它们不得不转向国外。法国的担保也将法郎区国家置于法国政府的控制之下。我们将在后文详细阐述这些方面。

在这之前,有必要更仔细地分析法国扮演的"担保人"的角色,这可以让我们更好地理解法国领导人的心态和他们的目标。法国对非洲法郎无限制兑换欧元的担保和交易账户机制使得法国在非洲法郎体系内拥有一个无法回避的中心地位。据法国官员称,法国以无私的方式维持这一体系完全是出于纯粹的友谊。法国财政部部长米歇尔·萨潘(Michel Sapin)在 2017 年 4 月强调称:"法国是以朋友的形式出现在这里的②。"但是,通过研究这类旨在避免争议的声明,我们发现法国政府在撒谎或者是非常虚伪的。一方面,法国政府知道非洲法郎继续在经济和政治上为法国提供有价值的服务,我们将会在接下来的章节看到这些内容。另一方面,法国政府完全意识到它们的担保承诺在某种程度上是难以维系的。事实上,法国政府无法向法郎区国家提供无限制的财政贷款。这至少有两个原因。第一个原因是,法国国库没有发行货币的权力,因为这项权力只属于中央银行。因此,只有法兰西银行才能履行这一承诺。但这也是不可能的:作为欧洲中央银行体系(SEBC,système européen des banques centrales)的成员,法兰西银行是独

---

① Makhtar DIOUF, *L'Endettement puis l'ajustement. L'Afrique des Institutions de Bretton Woods*, L'Harmattan, Paris, 2002, p. 110.

② «Le Franc, malgré son nom, est la monnaie des Africains», *Jeune Afrique*, 14 avril 2017.

立于法国政府之外的，不能为法国国库的预算承诺提供资金。第二个原因是，没有哪个国家可以拥有"无限的"预算。法国政府每年都要向议会提交一份详细说明下一年收支预期的预算法案。法国的预算是提前确定的，拨给"无限的"可兑换性担保的款项必然被限定在预算范围之内。因此，"无限的"担保是无法实现的。事实上，法国并没有打算执行任何一种担保，不管这种担保是有限的还是无限的。法国 2018 年的预算显示：为两种非洲法郎和科摩罗法郎的可兑换性担保准备的数额为 0 欧元[①]。这不是一个暂时的例外：前些年的预算法案也有同样的特点。

法国政府之所以不提供任何款项来兑现可兑换性担保的承诺，是因为法国政府依靠的是非洲国家之间通过集中它们的外汇储备建立起来的相互关联：出口大国（如科特迪瓦和喀麦隆）的外汇可以弥补出口小国（如资源较少的中非共和国和多哥）的外汇不足。巴黎还实施了严厉的管理规则，这让"零外汇储备"的情况几乎不可能出现，特别是在西非国家中央银行和中部非洲国家银行。事实上，在央行董事会拥有席位的法国代表可以监督它们的货币管理，可以在必要时强制要求实行纠正措施。另外，还有一个旨在防止交易账户出现经常性透支的报警系统。当西非国家中央银行的交易账户出现负债的风险时，西非国家中央银行必须动用存放在别处的外部资产、可以在公共和私营机构购得的外汇，以及在国际货币基金组织拥有的特别提款权（如有必要）来为交易账户提供资金。然而，这个被称为"扫荡"（ratissage）的规则在另一个基于货

----

① Loi n° 2017－1837 du 30 décembre 2017 de finances pour 2018 (*Journal officiel de la République française*, 31 décembre 2017).

币发行准备金率的规则面前失去了其重要性。货币发行准备金率
是外部资产(存放在交易账户和别处的资产)和发行货币(流通的
钞票和央行的存款)之间的比率。在西非国家中央银行和中部非
洲国家银行一样,货币发行最低准备金率为 20%。如果准备金率
在连续三个月内等于或低于这一水平,那么根据西非国家中央银
行章程第 76 条规定,西非国家中央银行必须采取一切"必要的措
施"。这些措施通常会导致更为严苛的信贷授予条件。

在一段时间内,一些国家意识到法国可兑换性担保的虚幻性
以及法国实行政治——货币监管,它们要求享有一个比交易账户
体系更为宽松的体系。它们希望能够创立一种本国货币,并且通
过一个"贷款账户"(compte d'avances,法国国库的另一种特殊账
户)继续和法国联系在一起。根据预先设定的贷款最高限额[①],这
一类型的账户可以保证一种有限的可兑换性,并且不会强制要求
将外汇储备存放在法国国库。贷款账户的机制如下:法国国库在
Y 国的中央银行开设一个贷款账户。法国国库授予这个账户信用
额度来进行对法国的结算,例如 10 亿欧元。为了让法国国库可以
在 Y 国进行支付,中央银行同样授予法国国库等值于 10 亿欧元的
当地货币额度。如果两者中有一个账户的支付款项超过了 10 亿
欧元,那么必须寻找必要的外汇来弥补差额。因此,贷款账户体系
比交易账户体系更为灵活。但是,巴黎从未接受同提出这一要求
的某些国家签订这样的协议。这毫无疑问是因为交易账户可以让
法国对法郎区非洲国家的对外交易,甚至对它们的经济活动具有

---

① COMITÉ MONÉTAIRE DE LA ZONE FRANC, *Premier rapport annuel ...*,
 op. cit., p. 27.

知情权和重要的控制权,这些都是贷款账户所不具备的。

货币创造和发展

根据经济学教科书和正统经济学家经常传达的概念,银行是收集家庭储蓄以期将其提供给企业的金融中介机构。这样的描述意味着家庭储蓄可以为企业投资提供资金。这种关于银行和投资融资作用的观点与事实相反。

当银行向企业提供 100 万欧元的贷款时,银行同时也为其客户创造了 100 万欧元的存款。换言之,银行为消费经济创造了 100 万欧元的额外购买力。银行无须预先准备一笔储蓄来支付这笔贷款。银行只需要在电脑上将 100 万欧元记入其客户账户的贷方,然后负责构建"存款准备金"。在当代世界,只有当银行发放贷款时才能创造"新的"钱。这导致了一个令人意外的结果,那就是信贷——无中生有地创造货币——为投资提供了资金。然后,投资率上升促进的经济增长有助于提高国民储蓄率。

因此,一个抑制内部信贷的货币体系,例如非洲法郎体系,反映出对经济主体有效利用银行贷款的能力缺乏信心:从词源上说,"信贷"(crédit)这个词来源于拉丁语的"相信""信任"(credo)。在这种情况下,银行贷款短缺并不是由国民储蓄不足造成的。恰恰相反的是,因为信贷创造存款,所以正是信贷短缺导致了储蓄不足。

作为正统经济学的追随者,国际发展机构只为穷国提供了两个选项来资助它们的发展。第一个选项是:家庭决定减少消费,从而产生剩余的储蓄来为投资提供资金。第二个选项是:这些国家从外部寻求资金,包括发展援助、外债、外国投资等。第一个选项几乎没有可行性:只要贫穷的家庭的基本需求无法得到满足,他们就很难有储蓄,而那些最富有的家庭通常喜欢将他们的储蓄放到国外。因此,这就只剩下一个选项:依靠外资为发展筹集资金。

事实上,穷国可以在不减少消费和不依靠外资的情况下为它们的发展提供资金。如果想要调动内部资源,那么货币创造就是最佳方式。德国和中国经历了经济的飞速发展,这两个国家就是货币创造最具说服力的例证[1]。

虽然德国的生产部门在第二次世界大战期间遭到了破坏,但是德国在 1950 年至 1960 年期间将其人均收入提高了一倍多。德国的确是利用了有利的国际环境,并且从马歇尔计划中受益。但是,德国重建的资金主要是由内部资源提供的。20 世纪 50 年代初,家庭储蓄占 GDP 的比重不到 4%(这甚至低于在最贫困的国家观察到的指标),而投资率则上升到超过 20%,在 20 世纪 60 年代末甚至达到了 25%。储蓄和投资之间的差额主要是由货币创造和企业利润再投资来填补的。在 1950 年至 1960 年期间,贷款总额增加了五倍,占

---

[1] Sebastian DULLIEN, «Central Banking, financial institutions and credit creation in developing countries», UNCTAD, Discussion Paper n° 193,2009.

GDP 的比重从 27％上升到了 55％。

中国也在不减少家庭消费和不过度依赖外资的情况下取得了重大的经济进步。20 世纪 90 年代，中国的人均收入增长一倍多，这主要得益于银行贷款的增加。贷款占 GDP 的比重从 1990 年的 86％上升到 2003 年的 150％。中国的情况和德国一样，正是由于信贷投放推动的经济增长让家庭储蓄率得以提高。投资促进了国民储蓄，而非储蓄为投资提供了资金。

我们经常认为货币创造具有导致通货膨胀的缺点，尤其是在发展中国家。通常情况下，只要将贷款拨给旨在增加当地生产能力和吸收未充分使用的劳动力的生产性项目，就不存在通货膨胀的风险。实证研究表明，信贷增长强劲的时段很少引发高通胀。货币供应量增加之后很少发生通货膨胀①。根据另一个不支持货币创造的理由，在几乎所有东西都从外部进口的穷国，货币创造有可能耗尽其外汇储备，从而进一步降低其货币价值。这也并非如此，只要信贷是用于生产性的项目，那么就不用担心通货膨胀的风险。很多非洲国家进口大量食品，这花费了它们很大一部分的外汇。或者它们可以自己组织生产其所需要的食品：它们不缺土地、劳动力、知识和技能。一般来说，它们缺的是发展食品农业的资金和抵御外国进口的贸易保护。如果它们为农业发展提供资金，这样做非但不会减少它们的外汇储备，反而可以节

---

① Richard VAGUE， « Rapid money supply growth does not cause l'inflation »，〈www. ineteconomics. org〉，2 décembre 2016.

省它们的外汇储备！

　　不幸的是，非洲法郎体系阻止了所有调动内部资源的政策：货币创造的放缓阻碍了经济活动，因此形成了稳定的国民储蓄；自由转移原则有利于国民储蓄的外流以及无需在当地进行再投资的企业利润的汇出。

　　最后，我们见证了令人惊讶的场景：法国利用其假定的"担保人"的身份作为敲诈其前殖民地的借口和手段，以期更好地让后者在经济、政治，以及我们将在第 4 章和第 5 章提及的其他方面成为法国的卫星国。更糟糕的是，非洲国家不仅用自己的外汇储备来保证非洲法郎的可兑换性，事实上它们还在继续"保证"法国的经济优势和世界排名。非洲法郎体系所有的基础都是建立在一场骗局之上。因此，非洲领导人在独立后不久就对非洲法郎提出异议也就不足为奇了。

第三章

反抗与报复

在 20 世纪六七十年代,撒哈拉以南非洲法郎区的框架和范围发生了变化。好几个国家(包括几内亚、马里、多哥、毛里塔尼亚和马达加斯加)退出了或打算退出这一机制。但是每次都不顺利:法国竭尽全力阻止那些试图挣脱这一体系的国家。这一时期充斥着恐吓、破坏稳定的行动,甚至是暗杀和政变,这提醒我们法国和非洲"伙伴们"的关系是建立在一个持久而不平等的力量对比之上的。

针对几内亚塞古·杜尔的狠毒的"香芹" (Persil)行动(1959)

法国第一次遇到抵制非洲法郎的行为是在几内亚,法国以暴力的形式进行了回应。一切始于 1958 年 8 月 25 日。这一天,法国总统戴高乐将军抵达几内亚首都科纳克里。在接下来的五天里,他到访了非洲大陆的一些国家。他来非洲的目的在于维护他向法国管理的非洲领地提出的共同体计划,共同体计划将于 9 月 28 日交由每个相关国家的公民进行公投:他们必须在加入共同体(赞成)或者独立(反对)之间进行选择。法国政府让它的对话者们明白,独立将终结一切与法国的合作。1958 年 8 月 24 日,夏尔·戴高乐在布拉柴维尔(刚果)宣称:"任何想要独立的人都可以立刻独立。法国不反对。"同时他还指出,选择独立的将"孤独地走自己的路,自担一切风险"。

在科纳克里,戴高乐将军受到了法国国民议会议员、科纳克里市长、几内亚政务委员会副主席艾哈迈德·塞古·杜尔(Ahmed Sékou Touré)的接待。这位前工会领导人并不反法,但是他不喜欢法国元首想要通过发展援助进行要挟的行为。塞古·杜尔在其同胞面前指责戴高乐,并直截了当地说:"我们不会且永远不会放弃我们合法和自然的独立权。"他还补充道:"我们宁要自由中的贫困,也不要奴役中的富有。"在法属西非前高级专员皮埃尔·梅斯梅尔(Pierre Messmer)看来,这些言论冒犯了法国总统,他"将这一切视为一种侮辱"①。戴高乐回应道:"我们谈到了独立。我在这里比别处更大声地说,独立是由几内亚自己决定的。几内亚可以在 9 月 28 日对共同体计划说'不',在这种情况下,我保证法国不会给几内亚的独立设置障碍。几内亚当然要承担说'不'的后果,但不会遇到障碍。你们的国家将如他所愿,在他想要的条件下,走他想

---

① Pierre MESSMER,*Les Blancs s'en vont. Récits de la décolonisation*,Albin Michel,Paris,1998.

要的道路①。"戴高乐后续的访问是在一个非常冷淡的气氛下进行的。第二天早上，在离开之前，戴高乐只跟塞古·杜尔简单地说了一句"永别了几内亚②"。这两人之后再也没有见过面。

塞古·杜尔并没有打算与法国完全决裂。几内亚的农业部门是西非最具竞争力的农业部门之一，几内亚拥有大量矿产资源和巨大的水电潜力。在公投的前几天，塞古·杜尔想要让在几内亚的外国企业安心，他说："我们强烈希望留在法郎区。"他还承诺法国和几内亚之间的资金转移仍将是自由的③。他还表示如果无法留在法郎区的话，几内亚可以加入另一个货币区。

1958 年 9 月 28 日，公投当天，非洲法郎是法国当局最关切的问题之一。法国坚信几内亚会选择独立，担心几内亚紧接着会使用西非央行驻科纳克里分行的货币储备，因此，法国政府命令法国军队在 28 日偷偷从海路将这笔钱撤走。公投的结果是无法改变的：正如法国之前预料的那样，几内亚以 95％ 的反对票拒绝加入共同体。在所有举行公投的领地中，几内亚是唯一一个选择这一选项的。几内亚很快就在 1958 年 10 月 2 日宣布独立。克瓦米·恩克鲁玛（Kwame Nkrumah）的加纳（独立了一年）、苏联和埃及很快就承认了这个新国家。法国直到 1959 年 1 月才承认几内亚独立。在此期间，法国撤离了所有法方人员，取消了财政援助，终止

① Georges FISCHER, «L'indépendance de la Guinée et les accords franco-guinéen», *Annuaire français de droit international*, vol. 4, 1958. pp. 711 - 722.
② FONDATION CHARLES DE GAULLE, Philippe OULMONT, Maurice VAÏSSE (dir), *De Gaulle et la décolonisation de l'Afrique subsaharienne*, Karthala, Paris, 2014.
③ Robert JULIENNE, *Vingt ans d'institutions monétaires ouest-africaines, 1955 - 1975. Mémoires*, L'Harmattan, Paris, 1988.

了为法国战斗过的两万几内亚老兵的退休金的发放。法国还竭力阻止联合国接纳几内亚，但是没有成功。巴黎想要避免其他国家效仿几内亚。1958 年 10 月 15 日，时任法国政府部长、后来的科特迪瓦总统费利克斯·乌弗埃·博瓦尼（Félix Houphouët Boigny）在一次采访中称："如果法国优先考虑那些要脱离共同体而不是选择共同体的领地，那么几内亚的脱离将会引发连锁反应①。"

尽管塞古·杜尔转向了苏联等新伙伴，但是几内亚仍是法郎区的成员。几个月以来，几内亚人和法国人试图就货币问题达成协议。以塞古·杜尔为首的一批人想要在创造一种本国货币的同时留在法郎区，但不必遵守"令人感到耻辱的②"规则。法郎区"过于集权"的特点尤其让几内亚当局感到约束，在巴黎的强制要求下，它们无法单独进行贸易协定谈判③。科纳克里研究了不同的方案，其中包括加入英镑区以及与加纳联合。法国方面的态度则是矛盾的：夏尔·戴高乐不想再听到对几内亚的讨论，更不想再听到塞古·杜尔这个名字。戴高乐的顾问、秘密事务负责人、法非特殊关系（Françafrique）的主要支持者雅克·福卡尔（Jacques Foccart）倾向于快速推翻几内亚领导人。其他人，例如法国海外领土部长，则不希望与科纳克里决裂。从财政部的角度来看，为了法国的经济利益，其中包括刚在几内亚开办了一个大型炼铝厂的彼西涅公司（Péchiney），将几内亚留在法郎区尤为重要。最终，法国拒绝放宽非洲法郎机制的规则。1960 年 3 月 1 日，几内亚退出了法郎区，

---

① Extrait de l'hebdomadaire *Carrefour* du 17 octobre 1958, cité *in* François BORELLA, «Le fédéralisme dans la constitution française du 5 octobre 1958», *Annuaire français de droit international*, vol. 4, 1958.

② Cité *in* Pierre MESSMER, *Les Blancs s'en vont ...*, *op. cit.*

③ Robert JULIENNE, *Vingt ans d'institutions monétaires ...*, *op. cit.*

在外国专家的帮助下创立了几内亚共和国银行（BRG，Banque de la République de Guinée），发行了自己的货币：几内亚法郎。此外，几内亚当局还秘密筹划了一项行动，让法国在 1958 年所担心的事变成了事实：几内亚当局扣押了西非国家银行科纳克里分行的储备金，认为这些资金是属于它们的。这标志着几内亚和法国以及西非国家银行成员国之间一项长期争议的开端。

对巴黎来说，这太过分了。在接下来的几个月，法国用尽一切手段来孤立几内亚和破坏几内亚的稳定，让塞古·杜尔变成"易受责难的"和"不受欢迎的"。在行动中，雅克·福卡尔、皮埃尔·梅斯梅尔，以及国外情报和反间谍局（SDECE，Service de documentation extérieure et de contre-espionnage）从塞内加尔总统列奥波德·塞达·桑戈尔（Léopold Sédar Senghor）和科特迪瓦总统费利克斯·乌弗埃·博瓦尼的积极共谋中受益。正如莫里斯·罗伯特（Maurice Robert，达喀尔邮局局长，后来担任国外情报和反间谍局非洲负责人）在几十年后讲述的那样，法国人组织反对派游击队来发起军事行动"是为了营造不安全的气氛，如果可能的话，推翻塞古·杜尔①"。国外情报和反间谍局还发起了经济攻击。经济攻击是被命名为"香芹"的破坏稳定行动的举措之一，非常恶毒：在法国国外情报和反间谍局的印刷厂中制造几内亚法郎的假钞，然后使大量假钞流入几内亚。结果导致几内亚经济崩溃。莫里斯·罗伯特认为，"这一行动取得了真正的成功，让本来已经非常不景气的几内亚经济变得更加难以恢复②"。据他所说，香芹行

---

① Maurice ROBERT，*«Ministre» de l'Afrique. Entretiens avec André Renault*，Seuil，Paris，2004.
② *Ibid*.

动是由国外情报和反间谍局局长保尔·格罗赞(Paul Grossin)将军策划的:"正是他向我提供了必要的指令和细节来执行这一行动。"他还断言,这不是为了"惩罚塞古·杜尔对法国的冒犯",而是为了"阻止""对几内亚的矿产资源感兴趣的"东方国家利用"一个可以服务于推广政权颠覆的桥头堡"。1962年,法国总理乔治·蓬皮杜(Georges Pompidou)向担心其他法郎区国家也要求使用本国货币的部长们解释说:"让塞古·杜尔的经验去传播吧。很多非洲人开始意识到几内亚的政策是自杀性的,违背了整个非洲的利益①。"1965年11月,法国和几内亚断绝了外交关系。在戴高乐将军及其继任者乔治·蓬皮杜去世,以及雅克·福卡尔远离法国政治中心之后,法国和几内亚才在1975年7月14日复交。尽管"香芹"行动,再加上其他因素,造成了几内亚法郎大幅贬值、基本产品价格大幅上涨,但是几内亚保留了它的货币〔1972年至1986年,货币名称为西里(Syli)〕。几内亚一直处在法郎区之外,它的经济仍然非常脆弱。

马里莫迪博·凯塔的自杀行为(1962)

当几内亚艰难地管理其货币的时候,法郎区经历了一些动荡。一些西非国家领导人对法郎区的运行机制表达了不满。尼日尔总统哈马尼·迪奥里(Hamani Diori)在1962年3月表示,法郎区"导

---

① FONDATION CHARLES DE GAULLE,Philippe OULMONT,Maurice VAÏSSE (dir),*De Gaulle et la décolonisation . . .*,*op. cit.*

致非洲国家维持在经济没有完全独立的状态，这与国家主权的概念不符[1]"。在非洲国家之间存在竞争和反抗法国的背景下，艰难的谈判在 1961 年 3 月开始了。

1962 年 5 月 12 日，谈判成功，签署了多个协议，建立了一个西非货币联盟（UMOA，Union monétaire ouest-africaine），包括科特迪瓦、达荷美、上沃尔特、马里、毛里塔尼亚、尼日尔和塞内加尔。法国和西非货币联盟之间也达成了一个新的协议，为西非国家中央银行重新制定了章程。这时，"法兰西共同体非洲"（Communauté française d'Afrique）法郎的首字母缩略词 CFA 再次改变含义：西非的非洲法郎变成了"非洲金融共同体"（Communauté financière africaine）法郎[2]。中部非洲的非洲法郎直到 1972 年才发生变化，被命名为"中非金融合作"法郎。在这一阶段，中部非洲没有签订类似西非货币联盟的协定，但仍然存在一个非正式的货币联盟：法国分别同加蓬和喀麦隆签订的所有的经济货币合作协定，再加上乍得、刚果、中非共和国组成的集团，在 1964 年一起成为了中非国家关税联盟（UDEAC，Union douanière des États d'Afrique centrale）。历史学家奥利维耶·费尔塔格（Olivier Feiertag）认为，1962 年同西部非洲达成的协议让法国避

---

[1] Cité in Olivier FEIERTAG, «La politique du franc CFA (1959 – 1974): le tournant de la décolonisation monétaire», in Jean-Pierre BAT, Olivier FORCADE et Sylvain MARY (dir.) Jacques Foccart: archives ouvertes (1958 – 1974). La politique, l'Afrique et le Monde, Presses de l'Université Paris Sorbonne, Paris, 2017, pp. 287 – 308; p. 295.

[2] Guia MIGANI, «Du franc CFA au franc CFA. La Banque Centrale des États d'Afrique de l'Ouest, les États africains et la France (1955 – 1962)», in Olivier FEIERTAG et Michel MARGAIRAZ (dir.), Les Banques centrales de l'État-nation, Presses de Science Po, Paris, 2016, pp. 261 – 280.

免了因为和前殖民地货币联系的"断绝"而被"排挤"出世界的这一部分①。

　　但在这之前,几内亚的经验启发了 1960 年 9 月 20 日宣布独立的马里(前法属苏丹)。这个由莫迪博·凯塔领导的新生的社会主义国家不想成为戴高乐将军的法兰西共同体的成员:它想要完全的独立。9 月 22 日,莫迪博·凯塔因此提到了一个"摆脱所有与法国的契约和政治联系的马里共和国②"。很快,马里当局建立了一个国库、一个货币委员会(在西非央行办事处的旁边)和一个外汇兑换处。它们的目的是让马里拥有本国货币。在实现这一目的之前,马里改变了同法国的关系,同加纳和几内亚的泛非主义总统克瓦米·恩克鲁玛和塞古·杜尔的关系更为密切。马里政府还和苏联签订了合作协议,并要求法国撤走马里境内的军事基地。此外,马里还创立了国有企业。在莫迪博·凯塔看来,这些国有企业应该"确保接替外国企业,并为被殖民统治耗尽的国民经济注入新鲜血液③"。

　　在 1960 年年底,法国和马里的关系变得很紧张。法国政府和西非央行的负责人担心几内亚事件会重现:他们认为巴马科(Bamako)准备发行自己的货币,并将占有西非央行马里分行的储备金。因此,法国合作部和财政部要求西非央行将马里分行的储备金减至最低限度④。1961 年初,法国和西非央行找到了一个阻

---

①　Olivier FEIERTAG,«La politique du franc CFA»,*loc. cit.*

②　Abdoulaye DIARRA,*Démocratie et droit constitutionnel dans les pays francophones d'Afrique noire. Le cas du Mali 1960*,Karthala,Paris,2010.

③　Extrait du discours de Modibo Keita prononcé le 30 juin 1962.

④　Guia MIGANI,«L'indépendance par la monnaie: la France, le Mali et la zone franc, 1960 – 1963»,*Relations internationales*,2008,vol. 1,n° 133,p. 21 – 39.

止巴马科货币计划的方法：在巴黎的倡议下，以同西非央行成员国
讨论法郎区的未来为借口召开了一个"国际会议"。在历史学家吉
亚·米加尼（Guia Migani）看来，这个主意是为了让马里参与多边
谈判：马里将经历"更多的困难来实现一场给其他成员国带来损害
的改革[1]"。这个方法奏效了。马里同意参加这个于 3 月 13 日在
巴黎举办的会议。在会议上，莫迪博·凯塔解释说，他目前不打算
发行马里的货币：他呼吁立刻进行法郎区改革。在接下来的几个
月中，法国和马里协商了多个合作协议。在经过关于法郎区的漫
长讨论后，法国人在 1962 年 3 月 9 日同意承认马里有创建本国货
币的权利。但这只是一个选项：一份法国外交部的文件显示，"两
国政府坚持主张优先在西非货币联盟内部处理它们的货币关
系[2]"。不过，巴马科看起来想要保留未来拥有一种更加自主的货
币的可能性："万一多边谈判失败，马里想要……法国以贷款账户
的形式为它提供担保[3]。"

　　1962 年 5 月 12 日，在再一次参加了西非央行改革的谈判后，
马里签署了建立西非货币联盟的协议。

　　然而，莫迪博·凯塔并没有放弃货币独立的计划。相反，在参
与创建西非货币联盟的同时，马里当局秘密准备发行本国货币。
1962 年 6 月 30 日，马里总统向议会宣布马里法郎将在第二天诞
生，并且马里将退出西非货币联盟。他强调完整主权的必要性：
"历史告诉我们政治权力总是必然伴随着制造货币的主权。货币
权力与国家主权密不可分，是国家主权完全不可或缺的部分，是国

---

① *Ibid.*
② Cité *in Ibid.*
③ *Ibid.*

家主权的本质属性……马里虽然已经获得了独立,但在经济上仍然严重依赖前宗主国……实践中发生的一切让人觉得,中央银行的结构和活动似乎是专门为推动贸易和消费品进口而设计的,因为央行继续为授予传统商业公司贸易信贷提供了极大的便利,这对用于设备和投资的信贷来说是不利的。[①]"

莫迪博·凯塔为法郎区体系阻碍了国家经济的多元化,所有的决定权都由巴黎掌控而感到遗憾。他问道:"如果我们没有必要的手段,没有货币这一强力杠杆,那么如何推动国家经济协调发展?[②]"他还对交易账户体系提出了严厉的批评:"一个国家可以授予外国货币的担保往往只是一种虚幻的担保,心理意义大于实际意义……法国之所以为非洲法郎提供担保,是因为它知道这一担保不会生效。例如,我们应该记得目前西非法郎区的非洲成员国拥有大约 300 亿非洲法郎的法国债权。矛盾之处在于,这意味着非洲法郎在过去几年中不需要法国法郎的担保。"

然而,关于马里新货币运作的所有方式尚未确定。莫迪博·凯塔不想要经受几内亚遭受的命运。他的想法是在法国国库开设一个"贷款账户",因为他认为 1962 年 3 月 9 日和法国签订的协议为他提供了这个可能性。这一选项可以让巴马科享有法国国库的担保,当然这种担保是有限制的,但可以避免像交易账户那样完全服从于巴黎。法国政府内部对这一提议的看法是矛盾的。根据 1962 年 7 月 20 日一份提交给法国总统的报告显示,作为货币守护者的财政部负责人们不想"放弃交易账户这个按理来说可以让法

---

① Extrait du discours de Modibo Keita prononcé le 30 juin 1962.

② *Ibid*.

国专家控制货币创造负责人们的所有决定以及发挥咨询作用的手段"①。合作部则对改革持更为开放的态度。总理支持下的财政部对此拥有决定权：财政部拒绝了贷款账户的提议。因此，马里在1962年退出了法郎区。

马里法郎的存在时间相对较短：它将面临许多障碍。马里法郎使得马里商人和外国商人面临的局面变得复杂，他们担心几内亚的事件在马里重现。从1962年7月20日起，一些马里商人聚集在法国大使馆前高呼"法国万岁，戴高乐万岁"。他们之中有几十个人被逮捕了，其中包括两个法兰西第四共和国的前部长菲力·达博·西索科（Fily Dabo Sissoko）和阿玛杜·迪科（Hamadou Dicko）。1962年9月，他们被人民法院判处"阴谋罪"。检方指控他们组织非法集会并且试图"在法国大使馆的支持下"煽动人民暴动来推翻政府，建立亲法政权②。这两位前部长被判处死刑，后减刑为终身监禁。他们于1964年在基达尔拘留所（camp de détention de Kidal）去世（一些消息来源称，他们是被处死的）③。

此外，在马里法郎发行之后，西非货币联盟的成员国采取措施来限制和马里（马里是一个没有出海口的内陆国家）的商业往来，促使马里法郎贬值。因此，马里很快就陷入了困境。自1964年起，莫迪博·凯塔不得不返回巴黎。1967年，马里重新加入法郎区，在法国国库开设了一个交易账户，马里法郎贬值50％。经济学

---

① Extrait des archives de Jacques Foccart, cité in Guia MIGANI, «L'indépendance par la monnaie», loc. cit.

② «Le "tribunal du people" de Bamako met en cause l'ambassade de France», Le Monde, 26 septembre 1962.

③ Pascal James IMPERATO et Gavin H. IMPERATO, Historical Dictionary of Mali, Scarecrow Press, Lanham, 1986.

家约瑟夫·春迪昂·普埃米认为："莫迪博·凯塔总统的体制，不仅仅是错误的货币管理，还是一种自杀行为[1]。"在他看来，巴马科错误地创造货币——使用"印钞板"——来为非生产性项目提供资金。此外，马里总统未能成功改革保留了殖民时期功能的银行体系。在这位经济学家看来，马里的例子还展现了"想要在没有保护的情况下单打独斗所存在的危险[2]"。

1968 年，前法国外籍兵团军人穆萨·特拉奥雷（Moussa Traoré）中尉发动军事政变推翻了莫迪博·凯塔。后者被监禁在吉科浩尼（Djicoroni）的一个军营中，在困境中于 1977 年去世，享年 62 岁。事实上，马里法郎是贬值了 50％的非洲法郎，因此也是法国法郎的一种卫星货币。1984 年，马里法郎最终被废除，同时，马里重新加入西非货币联盟，重新启用非洲法郎。至此，马里的货币冒险结束了。

多哥总统斯尔法纳斯·奥林匹欧遇刺（1963）

在 20 世纪 60 年代初，另一个西非国家也在筹备发行本国货币的计划。这个国家是多哥。和马里一样，多哥的尝试也以失败告终。在不详细回顾多哥特殊的殖民历史的情况下，如果想要理解这一时期的大事件，那么必须进行简单的回顾。让我们停留在一个关键的时间：1946 年。这一年，联合国让多哥成为了一个"托管

---

[1] Joseph Tchundjang POUEMI, *Monnaie，servitude et liberté*, *op. cit.*, p. 131.

[2] *Ibid.*, p. 126.

领土"，由法国政府负责管理和引导其独立。但是，1919 年起就占领多哥的法国并不想看到多哥脱离其势力范围。为了保持对多哥的控制，法国试图主导多哥的独立进程。

1956 年，多哥成为了一个"自治共和国"，但仍然是法兰西联盟的成员，并且保留了"托管领土"的身份。1958 年 2 月 22 日，"多哥共和国"正式宣布成立。然而，它的国防、外交和货币由法国政府管理。多哥一直使用非洲法郎，并且属于法郎区。1958 年 12 月，联合国大会确定了宣告多哥完全独立的时间：1960 年 4 月 27 日。在此期间，民族主义和独立主义人士斯尔法纳斯·奥林匹欧（Sylvanus Olympio）将领导这一段过渡时期：他的政党多哥统一委员会（CUT，Comité de l'unité togolaise）在 1958 年 4 月的立法选举中获胜，他成为了总理。但是，法国希望有另一位对话者。斯尔法纳斯·奥林匹欧，56 岁，毕业于伦敦经济学院（London School of Economics），曾任英国和荷兰的联合利华（Unilever）集团多哥分公司经理，和盎格鲁-撒克逊人关系密切。他一直反对法兰西联盟，并且经常批评法国领导人。例如，他在 1956 年 10 月表示："法国不希望授予一种真正的自治，因为它害怕这会在其他非洲领地引发连锁反应[1]。"在他获得立法选举的胜利之后，他向他的同胞们承诺，他将"尽最大可能来让多哥摆脱法国的援助"。巴黎认为他是"反法的"，多次试图让他远离政治舞台。

在多哥完全独立之前，斯尔法纳斯·奥林匹欧希望重新制定同法国的货币联系。他在声称支持多哥留在法郎区的同时，要求

---

[1] «Des groupes de l'opposition annoncent qu'ils boycottent le référendum qui aura lieu le 28 septembre au Togo», *Le Monde*, 3 octobre 1956.

放宽其运行规则。巴黎因为害怕之后不得不向法郎区的其他国家
作出同样的让步，所以拒绝了。吉亚·米加尼解释说，法国政府建
议多哥总理"先等待独立，然后再制定新的货币制度：在独立的时
候，他将可以选择以和其他成员国相同的条件留在法郎区，也可以
选择创建一种自主的多哥货币，并且承担这一行为的责任和风
险"[1]。1960 年 3 月，斯尔法纳斯·奥林匹欧宣布，一旦多哥成为一
个主权国家，将不再是法兰西共同体的成员，但是仍将和法国签署
经济和防卫协议。法国希望能够保留获取多哥资源的特权，并且
保持第一大供货商的地位。但是，斯尔法纳斯·奥林匹欧希望可
以不受约束，和他选择的国家进行贸易。巴黎强迫洛美接受，但是
没有成功：据《世界报》报道，多哥总理拒绝"在独立前夕签署——
甚至草签——巴黎的紧急代表团在最后时刻向他提交的协议，毫
无疑问，这些条款对他来说是无法接受的或者过于急迫的[2]"。因
此，当多哥在 1960 年 4 月 27 日获得独立时，双方没有达成任何决
定性的协议。巴黎和洛美在货币问题上仍暂时保持合作：多哥仍
是法郎区成员，继续使用非洲法郎。不过，法国承认多哥可以发行
本国货币，建立本国的货币发行机构。法国总理米歇尔·德勃雷
(Michel Debré)在 1960 年 5 月 28 日向斯尔法纳斯·奥林匹欧写
信说，"最重要的是要从属于法郎区"[3]。

----

① Guia MIGANI, «La CEE ou la France, l'impossible choix de Sylvanus Olympio,
président du Togo», *Matériaux pour l'histoire de notre temps*, n° 77, 2005, pp. 25 -
31.

② «Le Togo doit définir ses institutions et ses relations avec la France et ses voisins»,
Le Monde, 5 avril 1960.

③ Guia MIGANI, *La France et l'Afrique subsaharienne*, 1957 - 1963: *histoire d'une
décolonisation entre idéaux africains et politique de puissance*, PIE-Peter Lang,
Bruxelles, 2008.

在宣布独立后，斯尔法纳斯·奥林匹欧——在 1961 年成为多哥总统——同联邦德国和美国关系密切，发展和法郎区外的非洲国家的商贸关系。他向法国提出了一个新的建议：在一个德国专家的建议下，他希望多哥继续留在法郎区，继续使用非洲法郎，但是可以拥有更为灵活的制度来自己制定与西非央行协调的信贷政策[1]。正如马里之前提出的那样，他也希望在法国国库开设一个贷款账户。巴黎并没有同意。在经过长时间的讨论后，双方在 1962 年 9 月达成了一个协议。历史学家吉亚·米加尼对这个协议进行了概述："建立一个国家发行机构，由一个双方代表人数相等的董事会管理。董事会主席由多哥政府任命，拥有重要管理权的总经理则由法国政府任命。多哥的货币，暂时称为'多哥法郎'（franc togolais），将由法国国库提供无限担保……这些条款将在发行权由西非央行转移至多哥银行后生效，非正式地定在 1963 年夏天。此外，这些条款从属于仍在商议中的经济合作协议[2]。"1962 年 12 月 12 日，多哥总统颁布了关于建立"多哥中央银行"的法律，法律规定"多哥的法定货币"是多哥法郎。预留的过渡时期"将在回收本法律生效前发行的纸币和硬币后结束"。

但是，多哥法郎永远不会问世了：1963 年 1 月 13 日 7 时 15 分，斯尔法纳斯·奥林匹欧在洛美的美国大使馆门前被一伙曾在法国军队服役过的多哥籍退伍军人刺杀了。斯尔法纳斯·奥林匹欧在前一晚逃到了美国大使馆，这伙军人在大使馆内抓到了他[3]。

---

① Guia MIGANI, «La CEE ou la France», *loc. cit.*

② *Ibid.*

③ Christophe BOISBOUVIER, « Togo: Qui a tué l'ancien président Sylvanus Olympio?», *Jeune Afrique*, 18 janvier 2013.

突击队成员埃蒂安·纳辛贝（Étienne Gnassingbé，又名埃亚德马（Eyadéma））中士声称是他打死了奥林匹欧（但是多年后他又否认了这一说法）。他和他的战友们立刻表现出亲法的立场，宣称"法国是我们的朋友①"。1963 年 1 月 26 日，多哥前内政部长泰奥菲尔·马利（Théophile Mally）指责法国大使亨利·马佐耶（Henri Mazoyer）和两个在多哥军队服务的法国军官是这次政变的幕后主使②。

1963 年 1 月 16 日，一个法国忠诚的盟友接替了斯尔法纳斯·奥林匹欧的总统之职：多哥自治共和国前总理和法国国民议会多哥议员尼古拉·格鲁尼茨基（Nicolas Grunitzky）。在这次政变之后，他也很快表达了加强巴黎和洛美之间联系的愿望。1963 年 7 月 10 日，双方签署了 8 个"合作协议"，其中包括一个"经济、货币和金融合作协议"。这个协议规定多哥留在法郎区，并且保留非洲法郎。1963 年 11 月，尼古拉·格鲁尼茨基批准了 1962 年 5 月 12 日建立西非货币联盟的条约以及法国和这一联盟成员国之间的货币合作协议。

在六个月内，斯尔法纳斯·奥林匹欧争取经济主权的斗争成果就这么被清除了。从法国的角度来看，一切都恢复了秩序：我们称之为"巴黎和洛美之间关系的正常化"。1967 年，埃蒂安·纳辛贝·埃亚德马中校推翻了格鲁尼茨基总统。埃亚德马一直担任多哥总统直至 2005 年逝世，逝世后由其子福雷·纳辛贝（Faure Gnassingbé）继任。55 年后，关于斯尔法纳斯·奥林匹欧遇刺的责任一直没有被认定，法国和美国的档案也从来没有公开过。

---

① «Les nouveaux dirigeants de Lomé veulent modifier profondément la politique extérieure du Togo», *Le Monde diplomatique*, février 1963.

② «Paris s'indigne des accusations portées contre l'ambassadeur de France à Lomé par un ancien ministre de M. Olympio», *Le Monde*, 26 janvier 1963.

备受争议的法国拒不妥协（1972）

20 世纪 70 年代初，法国与其前殖民地之间的关系以对十年前缔结的合作协议的普遍质疑为标志。确切地说是在 1972 年初，以尼日尔、毛里塔尼亚和刚果（布）为首的几个国家向法国表达了它们希望部分或者完全修改，甚至废除这些协议的意愿。在相关国家的领导者以及这些国家的舆论看来，这些有利于前宗主国的协议是过时的、不平等的。它们还指出法方没有遵守承诺：巴黎在这些国家独立时承诺的发展援助力度小于对外宣称的那样。另外，在没有商议的情况下，这些国家遭受了 1969 年法国法郎贬值，这违背了货币合作协议的规定①。当时的国际货币环境正处于剧变之中：在美国决定停止美元兑换黄金后，1971 年 12 月 18 日标志着布雷顿森林体系的终结，在之前的几个月中，美元的价值波动很大。1973 年 3 月，国际货币体系转向了浮动汇率机制。

非洲法郎问题在法非双方的讨论中占据主导地位。在乔治·蓬皮杜总统 1972 年 1 月访问尼亚美（Niamey）时，尼日尔总统哈马尼·迪奥里同蓬皮杜讨论了非洲法郎问题，迪奥里是第一个——这并没有公开——和蓬皮杜讨论这一问题的非洲领导人。哈马尼·迪奥里考虑法郎区改革已经好多年了。1969 年，他向法国埃及混血的经济学家萨米尔·阿明（Samir Amin）寻求建议。阿明告诉了我们一些细节："哈马尼·迪奥里想要知道是否可以进行法郎区改革，以便让非洲国家可以控制贷款并且将这些贷款用于他们

---

① Bernard VINAY, *Zone franc et coopération monétaire*, *op. cit.*

认为的更利于发展的领域中去①。"萨米尔·阿明向哈马尼·迪奥里提交了一份改革建议：建立国家中央银行和一个包括所有西非国家的货币联盟。这意味着交易账户的废除和法国监管的终结。萨米尔·阿明解释说："哈马尼·迪奥里本人被我的分析说服了。但是他还需要说服科特迪瓦和塞内加尔，这两个国家对此是坚决反对的，就像当时法国的反应一样②。"事实上，当哈马尼·迪奥里向乔治·蓬皮杜（自 1969 年 6 月起担任法国总统）阐述其想法时，后者并没有接受前者的想法。在他们会见之后的几周之内，两国之间的关系甚至变得紧张了，双方处于一个不信任的氛围之内。当法国延缓支付开发尼日尔铀矿的钱款时，尼亚美当局怀疑法国这么做是为了惩罚它们要求修改合作协议的行为③。

　　但是，其他国家很快就追随了尼日尔的步伐。1972 年 3 月，刚果（布）总统马利安·恩古瓦比（Marien Ngouabi）在正式访问巴黎时表示，赤道非洲国家和喀麦隆中央银行的成员国也希望调整非洲法郎体系。各方提出的理由往往是强烈针对前宗主国的。例如，毛里塔尼亚政府发言人在 7 月初宣称，"这是为了优先考虑我们的国家利益，终结我们遭受的所有剥削和统治④"。在这一反抗的初期，假装不明白的法方负责人仍然无动于衷。然后，当对话者的要求变得更加具体和公开时，他们只作出部分回应。为了避免

---

① Entretien avec Samir Amin à Dakar，22 février 2018.

② Samir AMIN，*L'Éveil du Sud. L'ère de Bandoung* 1955 - 1980. *Panorama politique et personnel de l'époque*，Le Temps des Cerises，Paris，2008，pp. 182 - 183.

③ «Trois États ont expressément demandé la révision de leurs accords avec la France»，Le Monde，22 juillet 1972.

④ *Ibid*.

全面的质疑，他们在接下来的几个月中含糊其词，希望让他们的对话者感到厌倦。最终，巴黎决定做出一点必要的牺牲，以此来保留非洲法郎体系的重要部分。6 月，外交国务秘书伊冯·布尔日（Yvon Bourges）拒绝向媒体透露哪些国家要求改革，但承认"1972年的合作不再是 1960 年的合作①"。法非双方展开了一系列磋商。8 月，哈马尼·迪奥里在爱丽舍宫结束会谈后宣布，"在所有被认为是必要的领域"对合作协议进行"重新适应和调整②"。10 月 4 日，尼日尔和法国之间的谈判事实上已经开始了。历史学家让·弗雷米加西（Jean Fremigacci）解释说，法国人在这之前已经确定了他们的优先事项：9 月 26 日，皮埃尔·梅斯梅尔总理要求组织一个小范围的部际会议来决定政府的底线。10 月 14 日，蓬皮杜总统"给 9 位还没有提出任何要求的非洲国家领导人（其中包括塞内加尔总统列奥波德·塞达·桑戈尔和科特迪瓦总统费利克斯·乌弗埃·博瓦尼）写信，向他们表明法国准备在一定条件下修改和他们国家的合作协议③"。

从法国的角度来看，有两个关键问题。第一个是军事。法国政府认为可以放弃同某些国家的军事合作。但是，法国政府想要保留设立在达喀尔（塞内加尔）、迪耶果-苏瓦雷斯（Diego-Suarez，马达加斯加）、利伯维尔（加蓬）和拉密堡（Fort-Lamy，乍得）的军事基地，以此来维护法国的地缘战略利益④。第二个关键问题是货

---

① «La Mauritanie demande la revision de ses accords de coopération avec la France», *Le Monde*, 6 juin 1972.

② «Le prédisent Diori Hamani annonce la "réadaptation" prochaine de la coopération entre la France et le Niger», *Le Monde*, 31 août 1972.

③ Jean FREMIGACCI, Daniel LEFEUVRE et Marc MICHEL（dir.），*Démontage d'empires*, Riveneuve, Paris, 2013.

④ *Ibid.*

币。法方负责人认为这个问题很容易处理。1972 年 10 月，他们认为只有毛里塔尼亚真正想要退出法郎区。只需通过减少援助和技术援助来制裁毛里塔尼亚就可以，同时还要避免毛里塔尼亚受到阿尔及利亚和利比亚的影响。乔治·蓬皮杜正是抱着这种心态再一次踏上非洲大陆：1972 年 11 月末，他先到达了上沃尔特（后来的布基纳法索）的瓦加杜古，然后去了多哥的洛美。在瓦加杜古，他甚至宣布他打算为希望调整法郎区组织机构的西非国家提供"便利"。中部非洲也正在发生同样的事情：当蓬皮杜在瓦加杜古发言时，他的财政部部长瓦莱里·吉斯卡尔·德斯坦（Valéry Giscard d'Estaing）正在布拉柴维尔和中部非洲的财政部部长们讨论修改赤道非洲国家和喀麦隆中央银行章程的问题。在瓦加杜古，蓬皮杜表示西非央行的改革也是可以考虑的。但是，他警告说，显然，任何"重大变化""只有和法国授予中非法郎和西非法郎的担保保持兼容才是有效的，这意味着一个共同且协调一致的规章"①。毫无疑问，他认为他已经重新掌控了非洲法郎问题。但是在洛美，他感到很震惊。法国的忠实盟友埃蒂安·纳辛贝·埃亚德马将军发表了一份出乎意料的声明：他对非洲法郎与法国法郎的汇率提出了质疑，这一点并不在法国人的议程之上。多哥总统说，"我们认为目前 2 个旧法郎兑换 1 个非洲法郎的汇率与现实不符。这是一个事关公平的问题，我们希望有一个基于客观标准的全面研究可以尽快确定一个新的、更有利于我们人民的汇率②"。

---

① «Le réaménagement des relations monétaires avec la France devrait satisfaire la plupart des dirigeants africains», *Le Monde*，23 novembre 1972.

② «Lomé a réservé au chef de l'État un accueil particulièrement chaleureux», *Le Monde*，24 novembre 1972.

惊愕的法国总统回答道，巴黎的伙伴的独立和主权"在法国给予的担保之下是有限制的"，因为非洲法郎"如果没有法国的担保，明天就会暴跌"。《世界报》在一篇题为"蓬皮杜先生警告非洲人不要彻底修改和法国的货币协议"的文章中评论道，"对于前宗主国来说，被仍由其托管的国家上一堂'货币课'从来不是一件令人愉快的事"。《世界报》补充说道："如果非洲国家和马达加斯加想要一个真正的全面的非殖民化，它们可能迟早要走塞古·杜尔那条危险的路，放弃法国的'特殊援助'[1]。"

谈判的武器：博卡萨通过质疑 非洲法郎来获取法国的优待

在 20 世纪 60 年代末 70 年代初这一时期，中非共和国领导人让-贝德尔·博卡萨（Jean-Bedel Bokassa）也多次在货币问题上表达了自己的看法。1968 年 2 月，他解释了为什么他和乍得、刚果-金沙萨一起设计了建立中非国家联盟（UEAC, Union des états d'Afrique centrale）的计划：他说，这是意识到 1964 年创立的中非关税和经济联盟和 1966 年 6 月创立的非洲与马尔加什共同组织（OCAM，Organisation commune africaine et malgache）都是由外国人掌控的结果[2]。希望中

---

[1] «Pompidou met en garde les Africains contre une révision fondamentale des accords monétaires avec la France», *Le Monde*, 24 novembre 1972.

[2] COMMISSION DES ARCHIVES DIPLOMATIQUES（Ministère des Affaires étrangères），*Documents diplomatiques français*，1968，tome 1，PIE Peter Lang, Bruxelles, 2009. 中非关税和货币联盟是一个由喀麦隆、中非共和国、刚（转下页）

非国家联盟拥有一种本土货币的让-贝德尔·博卡萨补充说,一个国家真正的独立体现在拥有一种本土货币。1968 年 4 月签署了这个联盟的成立章程,但是这个联盟并没有维持多久。1971 年,中非共和国退出了这个联盟,中非共和国总统宣布他"想要铸造自己的货币,不再和法国法郎联系在一起,不再通过中非国家联盟"。1971 年 9 月 22 日,让-贝德尔·博卡萨向他的同胞们宣称,"每个主权国家都有铸造本国货币的权力",同时发起了一场贬低法国的运动。事实上,他并没有严格的计划:他利用货币问题和法国人进行谈判。他知道非洲法郎对于法国人的重要性,希望利用这个问题从巴黎获得额外的合作信贷。他的做法奏效了。政治学家迪迪耶·比戈(Didier Bigo)解释说,法国政府"认为博卡萨和一些国家关系密切过于危险,为了让博卡萨放弃他的新关系(罗马尼亚、苏联、利比亚),同意增加合作信贷"。这位学者指出,法国政府"同意继续它的援助",也是为了"通过中非共和国将乍得留在法国的势力范围之内"[①]。

信息很明确:法国打算将改革控制在一定的限度之内。因此,巴黎拒绝了毛里塔尼亚的提议:通过一个贷款账户保留法国国库

(接上页)果(布)、加蓬、赤道几内亚和乍得组成的关税联盟。它在 1994 年被中非经济货币共同体代替。非洲与马尔加什共同组织由法国在非洲的前殖民地国家组成,这一组织的目标在于加强成员国在经济、政治、文化等领域的合作。该组织在 1985 年解散。

① Didier BIGO, *Pouvoir et obéissance en Centrafrique*, Karthala, Paris, 1989.

的担保，从而保持和法郎区的联系①。法国人还决定不提供任何技术援助，这样做的目的明显是为了让毛里塔尼亚当局放弃它们的计划。法国的做法是徒劳的：11 月 28 日，莫克塔·乌尔德·达达赫（Moktar Ould Daddah）总统为法国政府的不理解和逻辑感到遗憾，宣布发行本国货币②。

对待毛里塔尼亚的方式似乎在其他地方达成了它的目标：几个星期之后，尼日尔和乍得宣布它们还没准备好发行它们自己的货币。例如乍得总统弗朗索瓦·托姆巴巴耶（François Tombal-baye）宣布，"为了给本国货币提供保障，让它获得外国人的信心，在国际市场上得到承认，我们应该通过发现和利用我们潜在的资源来创造我们的繁荣"③。尼日尔国民议会议长布布·哈马（Boubou Hama）也确认他的国家"决不打算效法毛里塔尼亚"，同时明确指出尼日尔"在法郎区改革的问题上有自己的想法"④。

马达加斯加想要"收回全部主权"（1973）

马达加斯加在 1973 年退出法郎区的方式是值得去回顾的。在一场质疑同法国签订的协议以及菲利贝尔·齐拉纳纳（Philibert Tsiranana）当局（被认为过于亲法）的全国运动之后，马达加斯加退

---

① «Nouakchott resent comme une "punition" le refus de la France de soutenir sa nouvelle monnaie», *Le Monde*, 21 mai 1973.

② «La Mauritanie va créer sa monnaie nationale», *Le Monde*, 30 novembre 1972.

③ «Le Tchad et le Niger n'envisagent pas de créer une monnaie nationale», *Le Monde*, 8 décembre 1972.

④ *Ibid*.

出法郎区的进程于 1972 年开始。在几个星期内，大学生、中学生和工人聚集到首都塔那那利佛，爆发了大规模的游行。在 1972 年 5 月 13 日游行队伍与治安部队发生冲突，造成大量死亡后，齐拉纳纳总统最终将全部权力移交给了军队参谋长加布里埃尔·拉马南楚阿（Gabriel Ramanantsoa）将军，后者组建了政府并宣布："合作必须要有所发展。这是我要研究的第一个问题。"在几个月内，巴黎没有对此事做出任何评论。

1973 年 1 月 25 日，法国和马达加斯加的谈判正式开始。谈判主要是在巴黎举行的。马达加斯加外交部长率领专家代表团代表塔那那利佛进行谈判：这个外交部长就是 36 岁的海军少校迪迪埃·拉齐拉卡（Didier Ratsiraka）。他经历了好几个法国谈判代表：负责合作的国务秘书皮埃尔·比耶科克（Pierre Billecocq）、1973 年 4 月代替前者的让-弗朗索瓦·德尼奥（Jean-François Deniau）和财政部部长瓦莱里·吉斯卡尔·德斯坦。谈判的氛围从一开始就很紧张。迪迪埃·拉齐拉卡知道他想要什么。他表示："马达加斯加决心收回在政治、经济、货币、国防、教育等所有领域的全部主权。"军事和货币问题是最难谈判的问题。迪迪埃·拉齐拉卡不希望再有任何法国军队存在，巴黎则坚持要保留在迪耶果-苏瓦雷斯的军事基地。关于货币，马达加斯加外长设定的目标是让马达加斯加退出法郎区：之前在马达加斯加共和国合法流通的非洲法郎在 1963 年被更名为马达加斯加法郎（franc malgache），这是徒劳的，它一直都建立在非洲法郎体系之上。他后来说："当我们是法郎区成员国的时候，我们更多的是在帮助其他非洲国家。在这一时期，我们有 70 亿非洲法郎沉睡在法兰西银行。我说过我们想要收回这笔钱[1]。"瓦莱里·吉斯卡尔·德斯坦问他是否担心离开非洲法郎体系带来的"未知的突变"。拉齐拉卡回答道："这是可能的，但这是我的使命。"法国财长对他说，你们最好保留交易账户。但是，少校不想要一个将会"导致让步"的"妥协"。在他看来，必须离开法郎区，因为"没有货币，独立就是不完整的"[2]。

在马达加斯加代表团内部，并不是所有人都赞同迪迪埃·拉齐拉卡的观点。他的大部分同事试图说服他放弃退出法郎区。法国人知道了这些分歧，并试图利用这些分歧更换谈判代表。时任非洲和马达加斯加事务秘书长雅克·福卡尔认为迪迪埃·拉齐拉卡"非常难对付"，把他称为"狂热的左翼分子"。法国政府通过一位非洲国家首脑向拉马南楚阿将军传递了一个信息，法国承诺只要调走拉齐拉卡就增加对马达加斯加的援助。法国的做法没有奏效：拉马南楚阿反而授予迪迪埃·拉齐拉卡"全权"让他继续执行任务。巴黎还多次中断谈判，希望节省时间并且让马达加斯加人放弃他们的要求。但是，法国人内部的主张也不一致：例如，乔治·蓬皮杜总统并不反对部分放弃马达加斯加的计划（例如，马达加斯加的经济表现不如喀麦隆或者科特迪瓦）；瓦莱里·吉斯卡尔·德斯坦和让-弗朗索瓦·德尼奥则认为为了维持法郎区版图的完整性，必须尽全力将马达加斯加留在法郎区。

最终，法国人同意放弃他们的军事基地。但是在货币问题上，双方没有达成任何共识。马达加斯加当局做好了承担一切后果的准备。1973 年 5 月 21 日，加布里埃尔·拉马南楚阿将军宣布："我

---

[1] Cécile LAVRARD-MEYER, *Didier Ratsiraka*, *Transition démocratique et pauvreté à Madagascar*, Karthala, Paris, 2015.

[2] *Ibid.*

们宁愿贫穷但有尊严,而不愿跪在财富面前。"他是否想到了塞古·杜尔在1958年在戴高乐将军面前说的名言:"我们宁要自由中的贫困,也不要奴役中的富有"? 第二天,迪迪埃·拉齐拉卡在巴黎宣布马达加斯加退出法郎区。《世界报》解释道,法国人再一次不愿意"通过'整体'协商的方式给予可能导致其他国家效仿的担保"[1]。

1973年6月4日,迪迪埃·拉齐拉卡和让-弗朗索瓦·德尼奥签订了修改后的协议,货币问题并不包括在内。拉齐拉卡在返回马达加斯加后受到了同胞们热烈而隆重的欢迎。6月12日,马达加斯加共和国中央银行(Banque centrale de la République de Madagascar)成立,接替了马达加斯加货币发行机构。马达加斯加法郎在2003年更名为阿里亚里(ariary)。尽管马达加斯加法郎在接下来的几十年中经历了剧烈动荡的时期,但是它的存在从未受到质疑。

法郎区机构的"非洲化"

在1972年12月至1973年12月之间,根据乔治·蓬皮杜的承诺,法郎区的运行机制发生了一些变化。1972年11月22日,中部非洲的乍得、喀麦隆、刚果(布)、加蓬和中非帝国签署了一份货币合作协议,并通过了中部非洲国家银行(BEAC, Banque des États de l'Afrique centrale)的章程来替代赤道非洲国家和喀麦隆中央银行。第二天,这些国家和法国达成了一份货币合作协议,中部非洲

---

① «Renouveau de la coopération franco-malgache», *Le Monde*, 6 juin 1973.

国家银行董事会主席和法国财政部部长签署了一份交易账户协议。一年后,1973 年 11 月 14 日,西非货币联盟成员国科特迪瓦、达荷美、上沃尔特、尼日尔、塞内加尔和多哥也做了相同的事情：它们通过了新的货币合作条约和新的西非国家中央银行章程。12 月 4 日,这些国家同法国签署了一份货币合作协议和一份关于开设交易账户的协议(西非货币联盟部长会议主席签的字)①。中央银行总部被迁往非洲大陆,中部非洲国家银行总部在 1977 年迁至雅温得,西非国家中央银行总部在 1978 年迁至达喀尔。中央银行"只需"将65%(而不是之前的100%)的外汇储备存放至法国国库。此外,中央银行还可以给予国库小于或等于上一财政年度收入 20% 的贷款。法国在中央银行董事会的席位减少了：法国之前拥有三分之一的席位,但从此之后只拥有七分之一的席位。尽管如此,法国仍然保留了否决权。我们因此称之为法郎区机构的"非洲化"。

但非洲法郎体系的核心并未被触及：在撒哈拉以南非洲,除了毛里塔尼亚和马达加斯加,没有哪个国家敢要求更高程度的货币独立。因此,法国几乎完整地保留了它的势力范围。1973 年末,当所有的"合作协议"已经修订完毕或正在进行修订时,在尼日尔总统哈马尼·迪奥里和科特迪瓦总统费利克斯·乌弗埃·博瓦尼的正式倡议下,一个法语非洲国家领导人的峰会在巴黎召开。这个峰会被命名为"法非峰会"(sommet France-Afrique),每年召开一次。哈马尼·迪奥里后来再也没有参加这个"约会"：1974 年 4 月,在一个重要的法尼双边会议(这个会议应该重新讨论法国采购尼日尔铀矿的价格)召开的三天前,他被赛义尼·孔切(Seyni

---

① Bernard VINAY, *Zone franc et coopération monétaire ...* , *op. cit.* , pp. 360 – 442.

Kountché)将军推翻了。哈马尼·迪奥里想要提高价格，这不是巴黎想看到的。政变发生时，驻扎在尼亚美的法国军队没有介入[1]。

托马斯·桑卡拉未完成的梦想(1983—1987)

20 世纪 80 年代关于非洲法郎的斗争比之前少得多。只有 1983 年在上沃尔特通过军事政变上台的托马斯·桑卡拉(Thomas Sankara)试图终结巴黎建立的在政治和经济上的依赖关系。这位将要深刻改变其国家[改国名为布基纳法索(正人君子的国家)]的军人在货币问题上有着非常明确的主张。1984 年，他在联合国大会上的发言中宣称：“只有成功摧毁忽略我们的旧秩序，只有加强我们在国际政治组织中应有的地位，只有在意识到我们在世界上的重要性的同时，获得支配全球范围内贸易、经济和货币的机制的监督权和决定权，我们为之斗争且将继续为之斗争的国际经济新秩序才能实现[2]。”

1985 年，喀麦隆作家蒙戈·贝蒂(Mongo Beti)问桑卡拉：“非洲法郎是否是一种统治非洲人的武器？布基纳法索革命党人是否打算继续背负这一枷锁？农村里的农民是否需要一种可兑换的货币[3]？”桑卡拉回答道：“货币是否具有可兑换性从来不是非洲农民

[1] Emmanuel GRÉGOIRE, «Niger：un État à forte teneur en uranium», *Hérodote*, 2011, vol. 3, n° 142, pp. 206 - 225.

[2] Discours de Thomas Sankara devant l'Assemblée générale des Nations Unies, 4 octobre 1984.

[3] «Interview du Président Thomas Sankara», *SAMBE*, *Bulletin de la Société des Amis de Mongo Beti*, n° 5 - 6, 2005.

关心的问题。非洲农民无可奈何地陷入到一个让他无能为力的经济体系中去。我认为应该将他们组织起来，从而让他们免受这一体系的负面影响。这就是问题之所在，因为货币并不是孤立于整个经济体系之外的。在这种情况下，我认为与法国货币体系联系在一起的非洲法郎是一种法国的统治武器。法国经济和法国资产阶级商人通过这种联系、这种货币垄断，从我们的人民身上获取财富。这也是为什么布基纳法索通过其人民建立自给自足、独立的经济的斗争来终结这种状况。这种局面还将持续多久？这不好说。"

约瑟夫·春迪昂·普埃米反对"货币压迫"的斗争

1980 年，《货币、奴役和自由——非洲的货币压迫①》这本著作的出版在非洲法郎的支持者中引起了一些骚动。这些支持者在批评这本书的同时，也承认这本书的作者约瑟夫·春迪昂·普埃米是一个"杰出的大学教员②"。在出版近 40 年后，这本有着独特见解的著作仍然具有非凡的现实性。

1937 年，约瑟夫·春迪昂·普埃米在喀麦隆出生。他在法国完成了高等教育，特别是在国立统计与经济管理学院（ENSAE, École nationale de la statistique et de l'administration économique）。经济学家莫里斯·阿莱（Maurice Allais）和雅克·吕夫（Jacques Rueff）是他的老师。在获得经

① Joseph Tchundjang POUEMI, *Monnaie*, *Sérvitude et liberté*, *op. cit.*
② «Thomas Sankara: de la Haute-Volta au Burkina Faso», BBC, 12 octobre 2017.

济学博士学位之后，他在喀麦隆联邦大学（université fédérale au Camerou）教书。1975 年，他成为了获得大学教师资格的教员，以公共经济学系主任的身份加入了科特迪瓦的阿比让大学（université d'Abijan）。他还在计划部国家研究和发展技术局（Bureau national d'études et techniques du développement du ministère du Plan）工作。1977 年，他加入了位于华盛顿的国际货币基金组织，但是在两年后辞职了。1979 年，他回到了喀麦隆，先被任命为杜阿拉大学（université de Douala）高等商学院（École supérieure des sciences économiques et commerciales）经济量化研究教授，后来被任命为院长。1984 年 12 月 27 日，他突然辞世。

　　他在布雷顿森林体系终结的背景下写了《货币、奴役和自由》这本书。让所有人感到震惊的是，他在书中为一个反传统的观点进行辩护，这个观点认为非洲的经济问题及其"不发达"的状况首先是一个货币问题。他大体上是这么说的：没有有效的货币主权，任何国家都无法实施可以积累资本以及充分利用资源和劳动力的经济政策。原因很简单，就银行系统创造的信贷而言，货币先于生产。事实上，在资本主义制度下，企业主需要提前获得信贷形式的预付款来启动生产程序，例如购买原材料和支付工资。没有货币创造，就无法实现资本积累。这一构成"货币生产理论"（théorie monétaire de la production）基础的论断是由卡尔·马克思（Karl Max）、约翰·梅纳德（John Maynard）、约瑟夫·熊彼特(Joseph Schumpeter)等著名经济学家提出的。约瑟夫·春迪昂·普埃米将这一论断形象化，强调货币是一个"空的物体"，由生产来"填满"。因此，如果想要刺激生产的增长和吸收未充分就业的劳动力，那么必须拥有一个可以为生产性的经济部门和项目提供信贷的货币金融体系。但这并不是预先获得的，因为货币可能被用于非法利益。

在约瑟夫·春迪昂·普埃米看来，如果新独立的非洲国家可以从殖民统治的某些残酷方面解放出来，那么他们最大的不幸在于他们仍然没有掌控货币工具。当然，情况因国家而异。在货币主权的连续性上，他将非洲国家分为四类情况。第一类是那些想要管理好它们的货币但遭受敌对的国际经济环境的国家：北方国家竭力阻止南方国家的工业化，并且把国际货币基金组织当作工具，普埃米写道，国际货币基金组织"已经成为了一个镇压那些试图向其国家提供最低程度福利的政府的宪兵"。第二类：那些拥有货币工具但没有用好的国家。内部的"货币压迫"或者"自我压迫"（非洲人在银行部门存在感低、实行负利率、自筹资金以及控制价格，特别是农产品的价格）阻碍了经济发展。第三类是那些拥有"卫星货币"的国家，也就是说通过资本自由流通和固定平价，本国货币和其前宗主国货币融为一体。最后一类是那些货币仍遵循殖民地原则和运作方式的国家，约瑟夫·春迪昂·普埃米认为，这些就是"殖民货币"。这主要涉及共用非洲法郎的国家。

在《货币、奴役和自由》这本书的批判性思考中，非洲法郎既不是主要主题,也不是唯一对象。喀麦隆经济学家只是将非洲法郎作为一个最典型、最具经济影响力的案例来进行讨论。约瑟夫·春迪昂·普埃米将维持非洲法郎解读为一种政治的、反经济的选择,以过去的名义牺牲非洲人的今天和未来。他强调非洲法郎是一种"空想""一个法国的产物",只不过是"法国法郎本身""百分之百的法国法郎"。因为在他看来,非洲法郎是一种殖民地经济开发机制:其目的不是为了促进非洲生产力的增长。殖民积累一方面依靠用于出口的原材料生产,另一方面依靠从宗主国进口的产品的消费,而非洲法郎这一体系剥夺了那些不属于殖民积累范围内的非洲经济行为体获得信贷的机会。

约瑟夫·春迪昂·普埃米认为,货币依赖是其他形式依赖的基础。因此,他呼吁为了人民的利益解放货币。"非洲将在货币上崛起,否则它根本不会崛起。"这句话总结了他这部杰出作品。

和 20 年前的斯尔法纳斯·奥林匹欧一样,托马斯·桑卡拉没能完成他的计划:他在 1987 年 10 月 15 日遇刺身亡。这起谋杀案的主要嫌疑人之一——是他的继任者和前战友布莱斯·孔波雷(Blaise Compaoré)。

后者一直掌权到 2014 年,从来没有对非洲法郎的存在提出过异议,并且和法国保持着非常紧密的关系。托马斯·桑卡拉的外交部长巴希勒·吉苏(Basile Guissou)在 2017 年说他为没能实现货币独立而感到遗憾："货币仍然是殖民货币。我们表达了离开法郎区的想法，但不幸的是这是一个力量对比的问题……一个法郎区成员国不能铸造货币，无法摆脱邻国和法国的压制①。"

---

① 《Thomas Sankara：de la Haute-Volta au Burkina Faso》，BBC，12 octobre 2017.

第四章

法国的操控

法国当局经常表示非洲法郎是一种"非洲货币"。例如,法国财政部部长米歇尔·萨潘在 2016 年 4 月 11 日访问塞内加尔时说:"非洲法郎属于非洲人,这种货币的未来……属于非洲人。"非洲当局也持有同样的说法:西非国家中央银行行长提埃莫科·梅里埃·科内(Tiémoko Meyliet Koné)表示,"非洲法郎是一种由非洲人管理的非洲货币"。但是,事实与这些说法相矛盾:这么多年过去了,法国仍然继续掌握着非洲法郎机制的控制权。我们可以从法国在法郎区机构中一直有效的存在以及在过去三十年中法国对非洲法郎重大变化的干预方式中看到这一点。

巴黎在非洲机构中处于核心地位

20 世纪 70 年代初开始的法郎区机构的"非洲化"并不彻底:法国在位于达喀尔、雅温得和莫罗尼(Moroni)的三家中央银行的决策机构中一直拥有席位。在这三家央行的董事会中，法国拥有和每个相关货币区成员国相同数量的代表和相同比例的投票权。央行董事会决议的投票表决采用简单多数原则，涉及修改西非国家中央银行和中部非洲国家银行章程的决议则必须所有董事一致同意才能通过。这意味着法国在重大问题上拥有隐性的否决权。巴黎在西非国家中央银行和中部非洲国家银行的其他机构中也拥有席位：监督预算执行的审计委员会（Collège des censeurs）、监督各自区域内银行活动的银行委员会（Commission bancaire）等。在修改章程后，中央银行独立于它们的成员国之外。中部非洲国家银行自 2007 年起，西非国家中央银行自 2010 年起，货币政策不再由它们的董事会和部长会议制定，而是由一个同样位于法国的货币政策委员会（Comité de politique monétaire）制定。委员会同样采取简单多数原则来做决议，但是这些决议不能越权决定需要全票通过的章程问题，这就证实了巴黎的否决权。即使货币政策脱离了国家政治权力，但仍将处于"确保共同货币可兑换性担保的国家"（这是西非国家中央银行章程中使用的指代法国的委婉说法）的控制之下。

这两个货币联盟的组织结构处在国家元首和政府首脑会议（Conférence des chefs d'État et de gouvernement）以及部长会议（Conseil des ministres）的领导之下。前者每年都会召开，特别是决定其联盟成员国的加入和退出。在西非经济货币联盟中，国家元首和政府首脑会议解决在部长会议上没有达成一致的问题。部长会议每年至少召开两次来确保"领导货币联盟"和"与西非国家中央银行总裁协商确定汇率政策"。然而，这些机构的被赋予的权限通常是象征性的：作为非洲法郎可兑换性担保国的法国继续发挥主导作用。巴黎多年来一直阻止马里重新加入西非经济货币联盟：马里直到 1984 年才重新加入，而巴马科从 1967 年就已经开始申请了。同样地，几内亚比绍被法国政府拒绝了十多年，直到 1997 年才加入西非经济货币联盟。在巴黎看来，这两个国家无法保证宏观经济的稳定性（例如，几内亚比绍的通货膨胀率、公共赤字率和外债率不符合法郎区国家遵循的标准）。过早的加入会给法国财政带来负担[①]。至于汇率政策，这同样也在法国的主权范围之内，我们将在后面详细说明。

西非国家中央银行的任命权：巴黎对阿比让施压

　　法国的影响力已经超出了正常范围。例如，法国政府毫不犹豫地"指导"央行行长的任命过程，央行行长是法国政府在非洲法郎问题上的第一对话者。这件事发生在 2006—2007 年：时任科特迪瓦总统洛朗·巴博（Laurent Gbagbo，2000 年当选）希望科特迪瓦计划和发展部长保罗-安托万·博洪·布阿布雷（Paul-Antoine Bohoun Bouabré）成为西非国家中央银行行长。法国政府这么做是为了不让后者成为央行行长。

　　按照传统，西非国家中央银行行长是由科特迪瓦的国家

---

① Nicolas AGBOHOU, *Le Franc CFA et l'euro contre l'Afrique*, Solidarité mondiale, Coignière, 2016（sixième édition）, p. 31 et suiv. Sur le Mali, voir en particulier Robert JULIENNE, *Vingt ans d'institutions monétaires ouest-africaines*, op. cit., p. 341 et suiv.

元首来任命的，科特迪瓦的 GDP 占西非经济货币联盟 GDP 的 40％。但是，在非洲法郎体系的支持者看来，博洪·布阿布雷展现出令人担忧的特点：他之前是阿比让大学的经济学教师，和西非国家中央银行没有任何联系。他还是科特迪瓦人民阵线（Front populaire ivoirien）的成员，这个左翼政党一直质疑非洲法郎的存在。此外，他还以部长的身份支持了一个 2004 年在阿比让召开的"非洲法郎改革国际会议"。此外，在 21 世纪初，博洪·布阿布雷创造了"安全的预算"（budget sécurisé）的概念，这一概念旨在让科特迪瓦只依靠其内部资源，而不寻求向西方国家借债，使后者失去丰厚的贷款报酬率以及影响手段——金融借款往往会包含政治条件①。

法国通过两个盟友向洛朗·巴博施加压力：尼日尔总统马马杜·坦贾（Mamadou Tandja）和布基纳法索总统布莱斯·孔波雷（Blaise Compaoré）是这一时期西非经济货币联盟连续的两任轮值主席。

在科特迪瓦当局和法国当局之间关系紧张且互不信任的背景下，这种施压显得更为有效。洛朗·巴博怀疑法国政府牵涉多次试图推翻他的政变，其中包括 2002 年 9 月 19 日那次导致国家一分为二的政变：叛军"新军"（Forces nouvelles）控制了 60％的领土。从这一时期开始，科特迪瓦

① Fanny PIGEAUD, *France Côte d'ivoire*, *une histoire tronquée*, Vents d'ailleurs, La Roque d'Anthéron, 2015.

总统与一些最具影响力的法国跨国公司保持着暧昧的关系，例如，2004 年，他在备受争议的情况下将阿比让港集装箱码头的经营权出让给了波洛莱集团（Bolloré）①。这些背景部分解释了为什么洛朗·巴博在非洲法郎问题上服从于巴黎的意愿：他最终用菲利普–亨利·达库里–塔布雷（Philippe-Henri Dacoury-Tabley）替换了博洪·布阿布雷，前者之前是西非国家中央银行的管理人员，更契合法国的"货币哲学"。

信息的控制

正如我们所看到的，法国通过它的国库来管理交易账户。需要强调的是，非洲国家几乎收不到关于它们资产的命运的信息。这笔资产如何使用？报酬率是多少？由于非洲法郎体系的管理缺乏真正的透明度，相关国家的经济和财政部部长无法回答这些问题。另外，法国国库和法兰西银行控制了有关法郎区发展的信息和分析。法郎区趋同委员会（COCOZOF, Comité de convergence de la zone franc）的秘书处设在法国国库，这个委员会的任务是"报告法郎区经济和货币的发展情况，追踪每个次区域的多边监督的运作，报告在该领域取得的进展并且提出具体建议以巩固这一进程②"。自非

---

① «Bolloré arrimé au port d'Abidjan» , *Libération* , 7 février 2005.

② «Rapport de printemps» du Comité de convergence présenté à la réunion des ministres des Finances de la zone franc, 14 avril 2017.

洲国家独立以来，法郎区货币委员会（COMOZOF，Comité monétaire de la zone franc）的秘书处就一直设在法兰西银行，也被称为"法郎区和发展融资部门"（service de la zone franc et du financement du développement）①。这一部门对法郎区国家进行研究，撰写并发布"法郎区年度报告"（rapport annuel de la zone franc），协助法国董事筹备各家中央银行的董事会等②。对于这项"涉及整体利益的任务"，法国向法兰西银行提供拨款③。法国国库和法兰西银行共同监督每半年召开一次的法郎区财长会议（春季在非洲召开，秋季在巴黎召开）。根据官方说法，这个会议旨在研究"货币、金融和经济领域的共同问题④"。它也可以用来评估法郎区非洲国家与国际货币基金组织之间的关系，并协调它们在国际货币基金组织和世界银行大会（这两个会议通常是紧挨着召开的）期间将要辩论的议题上的立场。一位会议参与者讽刺地解释称，它还可以让巴黎提醒它的"伙伴们""留在大家庭里会更好⑤"。

　　法国对非洲法郎的影响甚至渗透进了国际货币基金组织。根据一个"君子协定"（gentlement agreement），"货币部分"不在法郎区非洲国家和国际货币基金组织的讨论范围之内。因此，国际货币基金组织关于中非经济货币共同体和西非经济货币联盟的报告

① Jean-Marie PARMENTIER et R. TENCONI, *Zone franc en Afrique. Fin d'une ère ou renaissance?*, L'Harmattan, Paris, 1996, p. 44.
② COUR DES COMPTES, *La Banque de France. Rapport au président de la République suivi des réponses des administrations et des organismes concernés*, mars 2005, pp. 56 – 57.
③ *Ibid.*, p. 61.
④ Document établi à l'occasion du «40ᵉ anniversaire des accords de coopération monétaire de la zone franc» par le Trésor français.
⑤ Entretien avec un haut fonctionnaire africain réalisé en avril 2018.

回避了一些重要问题，例如钉住欧元的成本。国际货币基金组织和法国国家机构保持的紧密关系使这一切成为可能。自 1946 年起，欧美协议预留给欧洲人的国际货币基金组织总裁一职经常落到法国人手中①。经济学家萨努·姆巴耶（Sanou Mbaye）强调称，这些被任命的总裁通常具有相同的特征："法国总是将那些之前就以维护前法属非洲殖民地货币政策著称的高官们任命为国际货币基金组织总裁②。"此外，国际货币基金组织董事会中代表法国的董事也是由法国国库任命的。法兰西银行和法国国库的官员们选定一名顾问担任这名法国董事的助手③。

一次巴黎和国际货币基金组织强迫的贬值（1994）

巴黎在法郎区的非洲机构中维持着强大的影响力，所有关于非洲法郎和科摩罗法郎的重大决定都是由巴黎做出的，甚至经常不提前通知相关国家。在非洲国家独立前夕，1958 年 12 月的法国法郎贬值以及 1969 年的贬值就是这种情况。为了维持和法国法郎的汇率，这些单方面的决定迫使非洲国家进行配合。这对这些非洲国家产生了负面的影响，包括生活成本上升，特别是城市

① Richard PEET，*Unholy Trinity. The IMF*，*World Band and WTO*，Zed Books，Londres et New York，2010，p. 69.

② Sanou MBAYE，«Les avatars du Franc CFA，flux des capitaux et régression économique en Afrique Francophone»，Billet invité，Blog de Paul Jorion，avril 2016.

③ BANQUE DE FRANCE，«Fonds Monétaire International. La Banque de France participe aux deux principaux oranges de décisions du FMI»（〈www. banque-france. fr〉）.

生活成本的上升，以及外债水平上升。1994 年，相似的一幕再次
上演，带来的后果更为严重：法国不顾大部分非洲领导人的反
对，决定让非洲法郎贬值 50%，这是法国 46 年以来首次调整非
洲法郎和法国法郎的汇率。这一事件在法郎区内引发了前所未
有的冲击，展示了法国政府的运作习惯。

一切始于 20 世纪 80 年代初，当时全球范围内利率上升，原
材料价格下跌，国际债务危机随之而来。看似经济健康蓬勃发展
的法郎区国家深受影响。很快，连法郎区中最大的两个经济体喀
麦隆和科特迪瓦也陷入了危机。国际货币基金组织已经向多个
国家提供了贷款，但认为无法收回贷款，因此要求进行一次"真正
的调整"。也就是说要通过削减公共开支和进口来减少内部需
求，以达到重新平衡公共账户和外部均衡的目的。国际货币基金
组织希望同时进行一次"货币的调整"，这一调整应该通过非洲法
郎贬值来实现。在国际货币基金组织看来，这不仅是为了收回
它的资金，也是为了给推行新自由主义信条设置必要的条件
（新自由主义在 1991 年苏联阵营垮台以来取得了巨大的
成功）。

法国拒绝第二种方法：它害怕触及法非货币合作的珍贵象征。
法国只想要一次真正的调整。但是法国的国内政策让事情变得更
加复杂。事实上，1981 年当选的弗朗索瓦·密特朗的社会党政府
采取了"有竞争力的反通货膨胀"战略：在第一次重启法国经济失
败后，他想要通过缩小和竞争国家在通货膨胀上的差距来恢复价
格竞争力。这个计划通过法国法郎和德国马克挂钩来实现，德国
马克在金融市场看来是一种强势、可靠的货币。法国法郎因此升
值，并且导致非洲法郎相应升值。这样的结果是：法郎区非洲国家

的竞争力减弱。选择一个强势的法郎也给它们重要的贸易伙伴尼日利亚和加纳带来了损失,这两个国家的货币甚至在这一时期发生了贬值①。法郎区国家深受过去在管理中所犯错误的困扰,不得不降低农产品的担保价格,减少社会支出和投资。面对国内信贷达到极限的情况,这些国家不断积累国内欠款,并且任由外债暴增。1991 年,除了布基纳法索和乍得以外,所有法郎区国家的外债占 GDP 的比重都超过了 100%:赤道几内亚和刚果(布)超过了600%,科特迪瓦超过了 300%,加蓬、马里和喀麦隆超过了200%②。与此同时,外国投资者们利用非洲法郎的自由兑换和资本的自由转移原则,大量地将它们的利润汇回本国,并且大规模撤资③。

　　非洲领导人们不希望非洲法郎贬值:他们担心货币贬值带来的经济、社会和政治后果。这些国家都依赖商品和食品进口,货币贬值将会导致进口商品和食品的价格上涨,进而导致国内价格上涨。购买力会因此下降,尤其是城市地区。这可能会导致社会紧张局势的出现,可能会造成现行政权的不稳定。此外,还有另一个不可避免的后果:这些国家的外债是以外币计价的,货币贬值将会导致外债负担加重。对于主要依靠出口初级产品的国家来说,因为初级产品的价格是由外国决定的,所以出口利润远远得不到保证。只有农业国,例如科特迪瓦,才能获得一些积极的影响:由于农产品价格固定为外国货币,贬值将会导致它们出口收入所对应

---

① Adebayo OLUKOSHI, «The Devaluation revisited», *Southern Africa*, vol. 8, n° 7, 1995, pp. 38 – 40.

② Statistiques de la Banque de France sur la zone franc (〈www. banque-france. fr〉).

③ Nicolas VAN DE WALLE, «The decline of the franc zone. Monetary policy in francophone Africa», *African Affairs*, vol. 90, n° 360, juillet 1991.

的非洲法郎增加。几年后，奥马尔·邦戈（Omar Bongo）总统指出："这次贬值没有给加蓬带来太多好处，因为加蓬并不是一个农业国。从这次贬值中获益的主要是农业国，而不是转向工业或原材料出口的国家。"他总结道："我们搞砸了[①]。"

20 世纪 90 年代初，情况并没有改善，国际货币基金组织再次提出它的货币贬值方案。国际货币基金组织寻找必要的方法来实现这一方案，尤其是时任国际货币基金组织总裁米歇尔·康德苏（Michel Camdessus）曾任法国国库总裁和法兰西银行行长。为了让法郎区非洲国家接受这一方案，国际货币基金组织对这些国家进行了要挟：1991 年末，国际货币基金组织拒绝继续向科特迪瓦提供借款，并给科特迪瓦提供了两个选项：要么偿还欠国际货币基金组织的债务，要么接受货币贬值。除此以外，这个国家将会被宣布为"脱轨的"（off-track），也就是说取消布雷顿森林体系两大机构世界银行和国际货币基金组织对这个国家的借款项目。然而，反对贬值的科特迪瓦总统费利克斯·乌弗埃-博瓦尼仍然获得了一个缓冲期：巴黎向科特迪瓦提供了借款来偿还欠国家货币基金组织的债务。但是，和世界银行一样，国际货币基金组织向其他国家施加了类似的压力。

1992 年，非洲法郎将要贬值的传言广为传播，加剧了资本的外逃。没有从巴黎获得任何消息的非洲领导人们处于恐慌之中。7月 31 日，费利克斯·乌弗埃-博瓦尼、奥马尔·邦戈、布莱斯·孔波雷和阿卜杜·迪乌夫（Abdou Diouf）急忙来到爱丽舍宫，他们要

---

① «Omar Bongo：" Je ne tolérerai aucun désordre"»，*Jeune Afrique Économie*，14 septembre 1998.

求弗朗索瓦·密特朗进行干预,阻止非洲法郎贬值。法国总统让他们放心,然而法国其实已经做出了让非洲法郎贬值的决定。这是前部长米歇尔·鲁森(Michel Roussin)在其著作中所讲述的:"1992年7月,第一次贬值的尝试是一次痛苦的失败。然而,这份文件在技术上是成熟的,获得了时任合作部长马赛尔·德巴格(Marcel Debarge)的同意和密特朗总统的支持。但是,这事先没有和非洲领导人们进行任何协商①。"记者安托万·格拉泽(Antoine Glaser)和史蒂芬·施密特(Stephen Smith)明确指出,法国国库的高级官员们已经"在多个后贬值时期的方案下绝密地"工作了几个月②。

　　法国议会多数派的改变有助于落实这一方案。1993年3月,自由主义政策的支持者爱德华·巴拉迪尔(Édouard Blladur)被任命为法国总理。巴拉迪尔让法国国库的一位官员安娜·勒洛里耶(Anne Le Lorier)加入了他的办公室,勒洛里耶在巴拉迪尔担任经济部长时就已经和他一起工作了。正是勒洛里耶将和一小群法国高官、国际货币基金组织及世界银行一起主导这次贬值行动。1993年8月2日,事态变得更加明朗:法郎区的货币机构暂停在法郎区外兑换非洲法郎。不久之后,中部非洲国家银行决定不再保证西非货币联盟内的中非法郎的可兑换性。西非国家央行做出了同样的决定,不再保证中非经济货币共同体内的西非法郎的可兑换性。因此,两个区域的非洲法郎不再能直接相互兑换,而必须通过锚定货币来兑换。经济学家哈维尔·埃雷拉(Javier Herrera)

---

① Michel ROUSSIN, *Le Gendarme de Chirac*, Albin Michel, Paris, 2006.

② Antoine GLASER et Stephen SMITH, *L'Afrique sans Africains. Le rêve blanc du continent noir*, Stock, Paris, 1994.

指出，这是为了阻止资本外逃，也是为了"限制非洲法郎流失"至尼日利亚，以及"阻止来自这个国家的制成品的入侵"①。9 月 16 日，爱德华·巴拉迪尔通过书面形式向非洲领导人们宣布，法国将不再向没有和国际货币基金组织以及世界银行达成协议的国家提供贷款。几天后，在阿比让举行的法郎区财政部部长会议上，法国财长埃德蒙·阿尔方戴利（Edmond Alphandéry）传递了相同的信息。这项新政策被称为"阿比让条款"（doctrine d'Abidjan）或"巴拉迪尔条款"（doctrine Balladur），这使得货币贬值势在必行，因为国际货币基金组织只和接受贬值的国家进行商谈。因此，货币贬值不再是一种调整宏观经济失衡的手段，而是非洲国家获得资金的一个条件②。

1994 年 1 月，这个奇特故事的最后一幕发生在达喀尔。法郎区国家的代表，其中包括 10 位国家元首，在达喀尔召开正式会议来决定正在经历严重危机的泛非航空公司非洲航空（Air Afrique）的命运。事实上，在此期间，他们在和法国国库的官员们（其中包括法国国库总裁克里斯蒂安·努瓦耶，Christian Noyer）、法国合作部长米歇尔·鲁森、国际货币基金组织总裁米歇尔·康德苏及世界银行的负责人凯瑟琳·马歇尔（Katherine Marshall）商讨非洲法郎贬值的问题，货币贬值是非洲国家一直想要避免的。在一个历时 17 小时的紧张的闭门会议后，非洲领导人们妥协了。1 月 11 日

---

① Javier HERRERA，«Sur l'inconvertibilité du F CFA au Cameroun»，*Politique africaine*，n° 54，1994；Cécile RICHARD，«La suspension partielle de la convertibilité du franc CFA est-elle susceptible de combattre les sorties de capitaux?»，*Tiers-Monde*，vol. 36，n° 143，1995.

② Jean COUSSY，«Des objectifs évolutifs»，*Politique africaine*，n° 54，1994，p. 19 - 31.

晚上 8 点 50 分,喀麦隆财长安托万·恩奇米(Antoine Ntsimi)在米歇尔·鲁森和米歇尔·康德苏的簇拥下向媒体宣布,自 1 月 12 日 0 时起,1 非洲法郎将只能兑换 0.01 法国法郎,而之前则可以兑换 0.02 法国法郎①。法国政府的一份公报明确指出:"法郎区非洲国家的元首和政府首脑在和国际货币基金组织进行磋商后,最终决定将非洲法郎的汇率调整为 1 非洲法郎可以兑换 0.01 法国法郎……法国同意此次汇率调整。"这一虚假的文本欺骗不了任何非洲人。安托万·格拉泽和史蒂芬·施密特解释说,为了迫使非洲领导人们接受法国的意愿,国际货币基金组织和世界银行的代表们毫不犹豫地提起了和一些非洲领导人们的"私人"文件②。这也就可以理解为什么非洲领导人们在 1994 年 1 月 11 日离开达喀尔时没有和法方代表打招呼。

法国优先捍卫自身利益

非洲法郎贬值在经济学家之间,尤其是在法国,引起了争论③。一些人认为,货币贬值可以让法郎区国家重启它们的出口,因为贬值的非洲法郎让它们的产品恢复了价格竞争力。农民被认为是这

---

① 科摩罗法郎贬值了 33%:1 科摩罗法郎自此之后将可以兑换 0.0133 法国法郎,而之前则可以兑换 0.02 法国法郎。

② Antoine GLASER et Stephen SMITH, *L'Afrique sans Africains*, *op. cit.*

③ Bruno COQUET et Jean-Marc DANIEL, «Quel avenir pour la zone franc», *Observations et diagnostics économiques*:*Revue de l'OFCE*, n° 41, juillet 1992, pp. 241 - 291; Jacques ADDA, «Quelques remarques sur la parité du franc CFA et l'avenir de la zone franc après Maastricht», *Observations et diagnostics économiques*:*Revue de l'OFCE*, n° 41, juillet 1992, pp. 293 - 301.

次货币贬值的主要受益者：他们将在当地卖出更多的农产品，因为货币贬值将让进口产品比他们的农产品更贵。他们也将在出口中挣得更多：他们在国际市场上出售的产品，例如可可或咖啡，均以外汇计价。一旦将外汇兑换为非洲法郎，他们的销售收入将会增加（在非洲法郎贬值 50％ 的背景下，他们的销售收入将翻倍）。在对出口收入进行抽成和对涨价的国内产品征税的刺激下，国家的收入也同样会改善。

在另一些经济学家看来，这次货币贬值可能只会产生短期影响：货币贬值无法永久解决相关国家面临的问题，因为这些国家的出口以初级产品为主，出口结构非常单一，并且依赖食品、石油、药品、设备和技术等产品的进口。这些经济学家认为，汇率的调整将进一步破坏法郎区非洲国家的贸易平衡。

然而，这并没有解决法郎区存在的核心问题。显而易见的是，只有进行根本性的改革，才能持久解决或者结束非洲法郎体系带来或放大的问题。事实上，决定贬值并不是因为贬值看起来是最有效或最合理的措施。在尼日利亚奈拉和加纳赛地贬值期间，货币调整的解决方案已经显示出了它的局限性[1]。对法郎区 14 个国家实行单一的贬值率并不合理，因为汇率的高估程度因国家而异[2]，甚至连国际货币基金组织的代表们也承认这一点[3]。如果想

---

[1] Adebayo OLUKOSHI, «The Devaluation revisited», *loc. cit.*；Bruno COQUET et Jean-Marc DANIEL, «Quel avenir pour la zone franc», *loc. cit.*

[2] Jean-Marie PARMENTIER et R. TENCONI, *Zone franc en Afrique . . .*, *op. cit.*

[3] 经济学家贝尔纳·孔戴(Bernard Conte)引用了当时国际货币基金组织一位负责人的话："我承认……货币贬值 50％ 显然不能满足每个经济体的所有需求或要求。"相同的贬值率对喀麦隆和科特迪瓦来说最为有利。通过优先考虑"团结的关系"而损害经济的连续性，法国和国际货币基金组织向"放纵主义和宏观经济管理不善颁（转下页）

要真正合理地利用货币贬值,那么必须终止法郎区或者采取另一种方式进行调整①。因此,法国和国际货币基金组织强制推行相同的贬值率不仅违背了大多数非洲国家的意愿,还违背了某种经济的连续性。法国和国际货币基金组织都想要优先维护自身利益,并且达到了这一目的。

法国甚至通过非洲法郎贬值达到了一石三鸟的目的。其一:得益于单一贬值率,法国保持了法郎区的完整性。其二:法国与国际货币基金组织合作并将其当做挡箭牌,逃避了担保人的角色。法国无需支付任何费用,因为它没有提供可兑换性的担保。其三:非洲法郎贬值50%让法国以非洲法郎为单位的金融行动的能力在一夜之间提升了一倍。当时法国合作部的预算提升到了80亿法国法郎,在汇率调整前价值4000亿非洲法郎,在1994年1月11日汇率调整后则价值8000亿非洲法郎②。至于国际货币基金组织,它很高兴看到它一直想推行的货币调整措施得以实行,作为回报,这可以为西方买家降低非洲原材料的价格③。货币贬值还给布雷顿森林体系的机构提供了在法郎区国家加速经济自由化的机会。作为获得承诺资金的交换条件,每个国家都被迫通过严格的《结构调整方案》(plans d'ajustement structurel)来进行经济改革,主要表现为国有企业的私有化——通常是为了法国公司的利益,法国

（接上页）奖"。（Bernard CONTE, «L'après-dévaluation: hypothèses et hypothèques», *Politique africaine*, n° 54, 1994, pp. 32 - 46）。

① Elliott BERG et Philippe BERLIN, «Exchange rate issues in the African countries of the Franc Zone», Background note prepared for Seminar on the CFA Franc, 22 janvier 1993 (U. S Agency for International Development, juin 1993, pp. 21 - 22).

② Bruno COQUET et Jean-Marc DANIEL, « Perspective historique », *Politique africaine*, n° 54, 1994, pp. 11 - 18.

③ *Ibid*.

公司因此重获新生——以及各部门（教育、卫生、农业……）大幅削减预算①。这些预算限制导致公共部门大规模裁员或者大幅度降薪。

　　1994 年以后，大部分非洲国家都恢复了经济增长。然而，尽管货币贬值扮演了重要角色，但它并不是这一轮经济复兴的推动因素。这一轮经济复兴是在全球经济复苏、初级产品价格上涨和气候条件良好的背景下发生的。法国和布雷顿森林体系机构的支持措施，尤其是减轻外债，为这一轮经济复兴提供了便利条件②。总体来看，货币贬值并没有推动工业部门的复兴，受益的主要是农业国。例如，尽管农业投入品的价格上涨了 90％，但科特迪瓦的可可仍再次变得有竞争力。对大部分棉花生产国来说，在行情改善的背景下，非洲法郎汇率调整是一个利好消息。相反，对塞内加尔等大米净进口国来说，货币贬值导致进口负担增重。在多哥，货币贬值导致粮食短缺，价格上涨失控，并且蔓延至本地产品。"我们在洛美听说：我们厌倦了一直剥削我们的法国人。他们从不满足，现在要用这次货币贬值来杀死我们③。"事实上，自 20 世纪 70 年代以来，可以观察到居民实际收入出现了下降，这次货币贬值加速了这一趋势。随着进口消费品（食品、药品等）价格飞涨，家庭购买力（特别是在城市地区）出现了大幅下降。我们看到的是收入不平等

① Amadou Tom SECK, «Débat autour des privatisations Sénégalaise», *Manière de voir*, n° 57, mai-juin 2020；Christian DOMPTIN, «Les politiques d'ajustement structurel», *Alternatives économiques*, février 1994.

② Bruno BEKOLO-EBE, «Bilan de la dévaluation du franc CFA», *in* Hakim BEN HAMMOUDA et Moustapha KASSE (dir.), *L'Avenir de la zone franc. Perspectives africaines*, Codesira et Karthala, Dakar et Paris, 2001.

③ «Dévaluations du franc CFA: réactions en Afrique de l'Ouest», *Cérès-Revue de la FAO*, juillet-août 1994, pp. 14 – 16.

现象的加剧，而不是收入从城市地区向农村地区的重新分配，非正式就业的增加证明了这一点①。

法国"担保"的背后

如果我们将这些事件放在更长的时间段来看，我们会意识到1994 年的货币贬值是巴黎几十年来固执己见的结果。在一些非洲国家的鼓励下，巴黎不惜一切代价、不顾实际情况地维持法郎区及其机制。因为在很多法郎区国家，非洲法郎很明显长期以来都是被高估的。经济学家们已经多次指出这一问题，特别是会对出口部门造成损失，尤其是农村生产者。经济学家萨米尔·阿明（Samir Amin）自 20 世纪 60 年代起就发出了警报。他在他的论文中解释说："我认为非洲法郎被高估了，非洲法郎在不同国家的高估率是不同的，并且会越来越被高估。我坚持认为，我们明白货币贬值本身并不是一种耻辱，但是应该掌控它，而不是看着它任由

---

① 在 2000 年至 2001 年期间，在西非经济货币联盟国家的首都，通常不受社会法律保护的非正式就业平均占就业总数的四分之三以上。一半以上城市工人的月薪低于法定最低工资，这些国家首都的最低工资介于洛美的 13800 西非法郎（21 欧元）和达喀尔的 39000 西非法郎（59 欧元）之间。然而，即使是非正式就业的城市人平均也比农村人挣得多。我们还注意到："在（西非经济货币联盟）所有的大城市中，收入不平等的现象非常严重（并且是一致的）……在缺乏制度性的再分配政策的情况下，家庭可以减少收入差距，以国际标准来衡量的话，家庭之间的收入不平等水平仍然非常高。"（Alain BRILLEAU, François ROUBAUD et Constance TORELLI, «L'emploi, le chômage et les conditions d'activité dans les principals agglomérations de sept États members de l'UEMOA. Principaux résultats de la phase 1 de l'enquête 1 - 2 - 3 de 2001 - 2002», document de travail DIAL DT/ 2004/06, Paris, 2004）。

'市场'、法国国库或国际货币基金组织来强制决定①。"1974 年，一批经济学家〔其中包括加拿大人罗德里格·特兰布莱②（Rodrigue Tremblay）〕建议"根据非洲人的经济需求调整汇率，而不是将法郎区维持在现在的状态③"。但是，法国从未考虑过这些意见。

在确认法国对法郎区货币拥有主权的同时（爱德华·巴拉迪尔竟然说："我即贬值。④"），这次贬值揭露了"无限可兑换性担保"的真正本质。在 20 世纪 80 年代，法国激活了无限可兑换性担保，西非国家中央银行和中部非洲国家银行的交易账户第一次变成了负债的⑤——自成立以来，这两家中央银行凭借其外汇储备自己就能为货币发行做担保，且经常超过与法国签署的货币协议所要求的水平。在 1980 年至 1990 年期间，为了使西非国家中央银行能够应对危机，法国国库平均每年向西非国家中央银行提供 32 亿非洲法郎⑥。但是，如果说法国向两家央行提供的透支额度可以让其解决对外的支付赤字，那么这也维持了另一种对法郎区经济非常不利的现象：资本外逃。这种现象最初是由经济危机引起的，法郎区

---

① Samir AMIN, l'éveil du Sud . . . , *op. cit.* , p. 182.

② Rodrigue Tremblay a notamment coordonné l'ouvrage collectif de référence *Afrique et intégration monétaire* , publié en 1972 (éditions R. R. W, Montréal).

③ Nake M. KAMRANY, Rodrigue TREMBLAY, Joseph J. STERN, Anwar H. KAZMI, Barry McCORMICK, James D. McQUIGG, *A Framework for Evaluating Long-Term Strategies for the Development of the Sahel-Sudan Region. Annex* 1: *Economic Considerations for Long-Term Development* , Center for Policy Alternatives, Massachusetts Institute of Technology, Cambridge, Massachusetts, décembre 1974 (notre traduction).

④ Rémi GODEAU, le franc CFA . . . , *op. cit.* , p. 11.

⑤ Romain VEYRUNE, « Fixed exchange rate and the autonomy of monetary policy. The Franc Zone case», IMF Working Paper, 2007, n° 07/34, pp. 7 – 8.

⑥ BCEAO, *Histoire de l'Union monétaire ouest-africaine* , tome 3, Georges Israël Éditeur, Paris, 2000, p. 41.

的运行原则,具体来说是自由转移原则,大大便利了资本的外逃,以至于外逃资本很快占据了相当大的比例。1988年,至少有4500亿非洲法郎从法郎区撤离,1989年为3000亿非洲法郎①。法国"提供"的透支额度无法弥补这一笔巨额款项。确切地说,正是资本外流导致这两家央行的外汇储备减少,并且让它们的交易账户变成负债的。通过限制资金的自由转移,西非国家中央银行和中部非洲国家银行无疑可以更容易地摆脱困境。相反,法国的担保使得资金持续外流,最终导致了非洲法郎贬值。

如果法国政府履行了以"固定汇率"提供无限兑换担保的承诺,那么非洲法郎贬值就永远不会发生。更何况大部分非洲国家领导人是反对非洲法郎贬值的。在决定非洲法郎贬值后,法国选择了一种更有利的解决方案,迅速将货币发行准备金率调整至一个更合适的水平,也就是说一个无需它"担保"的水平。在1994年至1997年期间,西非国家中央银行的这一比率迅速提升至92%②。

1994年,法国因此自己证明了它的"无限兑换担保"只是一个知识和政治骗局。这也证明了莫迪博·凯塔在1962的发表的言论是对的:"法国为非洲法郎提供担保是因为法国知道这种担保不会生效。"然而,巴黎以"担保人"的角色继续在法郎区央行的决策机构中占有席位。但是,这还不是全部:在从法国法郎向欧元过渡期间,法国成功保留了法郎区。

---

① Chiffres du Secrétariat de la zone franc, cité in Nicolas van de WALLE, «The decline of the franc zone», loc. cit.

② BCEAO, Histoire de l'Union monétaire ouest-africaine, tome 3, op. cit., p. 41.

非洲欧元(euro CFA)的诞生

在法国、法郎区非洲国家和国际货币基金组织之间的关系调整之外，非洲法郎贬值标志着非洲法郎欧洲"标准化"的开始。在未来的欧洲单一货币到来之前，法国执意要确保非洲国家领会 1992 年签署的马斯特里赫特条约的经济原理。1994 年 1 月 10 日，在宣布非洲法郎贬值的前一天，西非经济货币联盟(UEMOA, Union économique et monétaire ouest-africaine)在西非货币联盟(UMOA, Union monétaire ouest-africaine)旁边成立了。中非经济货币共同体（CEMAC, Communauté économique et monétaire de l'Afrique centrale)条约在 1994 年 3 月签署，并在 1999 年生效。中非经济货币共同体取代了创建于 1964 年的中部非洲国家关税联盟(UDEAC, Union douanière des États d'Afrique centrale)，由中非货币联盟(UMAC, Union monétaire d'Afrique centrale)和中非经济联盟(UEAC, Union économique d'Afrique centrale)组成。这些条约背后的想法是：货币一体化必须通过区域国家间更多的经济和贸易合作来实现，并且在这些领域采取共同政策。法郎区的宏观经济监督机制几乎是马斯特里赫特条约的翻版[1]。法郎区趋同委员会（COCOZOF,

---

[1] Martin HALLET，«The role of the euro in Sub Saharan Africa and in the CFA franc zone»，*Economic Papers* 347，novembre 2008.

Comité de convergence de la zone franc)建立于 1999 年,由西非经济货币联盟、中非经济货币共同体、科摩罗和法国的代表组成,负责尽量让法郎区国家的经济保持"趋同",也就是说,采用统一的共同标准和目标。该委员会的秘书处设在法国国库。西非经济货币联盟制定了三个趋同标准:总体预算余额占 GDP 的比重大于或等于 - 3%;年通货膨胀率小于或等于 3%;公共债务占 GDP 的比重小于或等于 70%。后两条标准也出现在中非经济货币共同体制定的标准之中:不增加外债或者内债;基础预算余额大于或等于 GDP 的 0%。随着章程的修改,中部非洲国家银行(2007 年和 2010 年)和西非国家中央银行(2010 年)开启了货币政策新共识模式[1]:它们在原则上相对独立于非洲政治当局;建立了一个货币政策委员会来制定货币政策;每家央行都有稳定物价的职责。这一"共识"始于一个没有根据的信念,即货币政策不应该关注就业,财政政策不应该发挥积极的作用[2]。

---

[1] Marvin GOODFRIEND,《How the world achieved consensus on monetary policy》,*Journal of Economic Perspectives*, vol. 21, n° 4,2007, pp. 47 - 68.

[2] James K. GALBRAITH,《La fin du "nouveau consensus monétaire". La crise financière et l'héritage de Milton Friedman》, *La Vie des idées*, 2008;Francesco SARACENO,《La fin du Consensus? La crise économique et la crise de la macroéconomie》, *Revue de l'OFCE*, vol. 153, n° 14, Presses de Science Po, 2017, pp. 365 - 380.

巴黎进入欧元时代后仍维持其货币帝国

1999 年 1 月 1 日，欧元取代法国法郎，这是法郎区过去三十年历史上第二件重大事件。和第一个重大事件一样，这也是完全由巴黎决定和主导的。让我们重新回顾一下这个"转折点"之前的岁月。

在这一时期，非洲面临着诸多疑惑。欧元的到来是否会终结法郎区？ 1994 年"抛弃"过非洲人的法国是否会故技重施？ 由于法国国库可能无法对法定独立的欧洲中央银行施加影响，那么法国国库的"无限担保"将意味着什么呢？ 如果法郎区得以维持，那么是否应该调整汇率机制？ 鉴于欧元很可能是一种强势货币，甚至比美元更强势，如果选择将非洲法郎和欧元挂钩来保持固定汇率，那么是否非洲法郎就不会有贬值的风险？ 假设法郎区得以维持且与不贬值的欧元挂钩，非洲法郎是否存在被高估的风险？ 尤其是非洲领导人们，他们被如此多的不确定因素所困扰。他们的疑问是合情合理的。这是因为，在向欧元过渡的背景下，欧洲经济货币联盟（UEM，Union économique et monétaire）成了货币和汇率政策唯一的主管部门。从法律的角度来看，欧洲经济货币联盟的成员国不能再和联盟外的国家签署货币或者汇率合作协议。在欧洲机构的法律语言中，"货币合作"协议指的是那些允许联盟外国家将欧元作为官方货币的协议，例如欧盟和摩纳哥公国、城市国家梵蒂冈及圣马力诺共和国的协议。至于"汇率"合作协议，指的则是将联盟外国家的货币和欧元挂钩的协议①。因此，我们可以认为，

---

① Lamine BAUDOIN，«Monetary and exchange-rate agreements between the （转下页）

法国和法郎区非洲国家之间的协议将会受到影响。此外，在建立欧洲共同体的条约中，附有一份为了"顾及有关法国的特殊因素"而起草的议定书，但这份议定书并没有提及法郎区。这份议定书只明确指出法国"保留根据其国内法律规定的条款在其海外领地发行货币的特权"，"法国是唯一有资格决定太平洋法郎（franc CFP，即 franc pacifique）汇率的国家"[①]。

　　法国打算维持对法郎区的控制，并且掌握着某些优势。在 20世纪 90 年代负责建立欧洲经济货币联盟的会议上，成员国们出于连续性和符合国际法原则的考虑，同意维持 1999 年 1 月 1 日前达成的货币协议。相关条款出现在了 1992 年签订的马斯特里赫特条约中[②]。因此，为了减少法郎区国家的担忧，巴黎将其对话的重点放在这一点上。1996 年 12 月 6 日，在一次法非峰会上，雅克·希拉克总统向非洲领导人们保证，欧元的到来对他们来说不会有"任何后果，除了非洲法郎今后将通过法国法郎与一种强势的国际货币挂钩，而不是仅仅和法国法郎挂钩"。但是，希拉克的保证不

（接上页）European Community and Third Countries »，*Economic Papers*，Directorate-General for Economic and Affairs，European Commission，2006（http：//ec. europa. eu）.

① «Protocoles annexés au traité sur l'Union européenne，au traité instituant la Communauté européenne et au traité instituant la Communauté européenne de l'énergie atomique tels que modifié par le traité de Nice de 2001 et le traité relatif à l'adhésion de dix nouveaux États à l'Union européenne，signé à Athènes le 16 avril 2003»，*Journal officiel de l'Union européenne*（JOUE），29 décembre 2006，n°C 321E. «Versions consolidées du traité sur l'Union européenne et du traité instituant la Communauté européenne-Protocoles».

② Lamine BAUDOIN，«Monetary and exchange-rate agreements … »，*loc. cit.*；Ousmane DIALLO，*L'arrimage du franc CFA à l'euro. Conséquence pour l'intégration sous-régionale ouest-africaine*，Euryopa，Institut européen de l'Université de Genève，2002.

足以避免外汇投机。法郎区可能是安全的，但是关于货币贬值的谣言该如何应对呢？1998 年 4 月，在一次法郎区财长会议上，法国财长多米尼克·斯特劳斯-卡恩（Dominique Strauss-Kahn）坚持认为，货币贬值并不在议程之中。但是，1994 年的记忆仍历历在目。

无视批评的谈判

在欧盟的幕后，问题的关键既不在于非洲法郎和科摩罗法郎与欧元挂钩，也不在于这两种货币相对于欧元的汇率，而在于如果接受与欧元挂钩的原则，法国和欧洲经济货币联盟当局分别享有什么特权。法国的野心在于将非洲法郎和科摩罗法郎与欧元挂钩，同时保持其单独的主导地位，而它的欧洲盟友们和欧盟则不具有监督权。法国当局给出了以下理由：法国和法郎区非洲国家签署的协议（通过这些协议，法国保证帮助非洲国家确保非洲法郎和科摩罗法郎的可兑换性）不具有"货币的"属性，因为这些协议不涉及法兰西银行或欧洲中央银行体系（SEBC，système européen des banques centrales）的任何资金承诺。而是法国财政部（通过公共国库）承诺在必要时向非洲国家提供资金支持。在巴黎看来，这些协议具有"预算的"属性。由于预算问题不在欧盟的管辖范围之内，巴黎因此坚持认为这是一项法国内部事务，适用于欧共体条约第 111 条第 5 款①。

---

① Un aperçu de cette position peut être trouvé in BANQUE DE FRANCE, *La Zone Franc. Rapport 1997*, Rapport annuel de la zone franc, 1998, p. 24; Voir （转下页）

这些理由并没有说服德国、奥地利和荷兰。这三个国家引用了第 111 条第 1 款,这一条款规定货币协议和汇率协议归共同体管辖。这意味着联盟委员会需要一致投票通过来确认非洲法郎和科摩罗法郎与欧元挂钩。在这三个国家看来,欧洲当局的监督是重要的,因为这可以让法国和法郎区非洲国家之间的汇率协议保持透明。此外,它们还担心可兑换性担保可能会消耗法国的资金,并且因此导致法国不遵守欧洲的预算承诺。

法国通过向其盟友保证不会花费太多资金来保证非洲法郎和科摩罗法郎的可兑换性,从而赢得了这场争论:双方在第 111 条第 3 款的基础上达成了妥协,法国维持了和法郎区非洲国家签署的汇率协议。作为交换条件,法国将单独负责可兑换性担保的实行,欧洲经济货币联盟或欧洲中央银行不为其提供资金支持。法国还必须确保这些协议不会危害其预算稳定性,以及间接影响欧洲经济货币联盟的预算稳定性[1]。因此,巴黎在这方面操作得很好。而非洲国家则从头至尾都没有被纳入谈判之中。

1998 年 11 月 23 日,欧盟委员会作出决议,赋予法国和法郎区非洲国家之间的汇率合作协议一个"新的法律地位[2]",这一决议在 1999 年 1 月 12 日被欧洲议会批准通过。这一决议要求法国今后在调整非洲法郎相对于欧元的汇率前必须告知欧盟经济和财政事务理事会(Comité économique et financier de l'Union européen)。

（接上页）aussi ASSEMBLÉE NATIONALE, « Rapport d'information sur les recommandations de la Commission européenne relatives au passage à la monnaie unique», n° 818,2 avril 1998, pp. 100 - 101.

[1] Lamine BAUDOIN, «Monetary and exchange-rate agreement . . . », *loc. cit.*

[2] Ousmane DIALLO, *L'Arrimage du franc CFA à l'euro*, *op. cit.*

此外，所有可兑换性担保的变化，例如所有法郎区新成员的加入，必须获得欧洲的一致同意。

为了让法郎区在法国法郎退出流通后继续存在，法国不得不将一小部分对于非洲法郎和科摩罗法郎的主权让给欧洲经济货币联盟。自此之后，非洲法郎和科摩罗法郎处于法国和欧洲的双重监管之下。至于法郎区，则成为了非洲欧元区（zone euro-africaine）①。

法国和非洲国家领导人都从中受益。前者保留了它的货币帝国。后者则为向欧元的转变没有引发货币危机而感到欣慰：没有发生像 1994 年那样的货币贬值，巴黎一直都在提供它的"担保"。此外，他们将钉住欧元视为非洲产品新市场的希望以及一个进入流动性金融市场的机会，也就是说拥有丰富的贷款资金。至少这些是法国的欧元创导者提出的观点。1998 年 11 月，爱德华·巴拉迪尔前顾问、"高级官员和商人"、被一部分法国媒体称为"欧元之父"的伊夫-蒂博·德·西尔吉（Yves-Thibault de Silguy）在一次阿比让之行期间建议："对法郎区来说，欧元的到来远非威胁，而是一个机会。应该抓住这个机会②。"

然而，法国和非洲领导人们在决定将非洲法郎同欧元以固定汇率挂钩时，并没有顾及众多非洲经济学家的担忧。1998 年 11 月初，在一次由非洲社会科学发展委员会（Codesria, Conseil pour le développement de la recherche en sciences sociales en Afrique，这是非洲最具影响力的研究机构之一）组织在达喀尔组织的研讨会

① 与法国和法郎区国家之间的协议一样，葡萄牙和佛得角的汇率合作协议享有同等待遇。

② Yves-Thibault DE SILGUY, « Colloque Euro/Franc CFA », 4 novembre 1998, Abidjan, SPEECH/98/232, Commission Européene, 1998; Élisabeth CHAVELET, « Le père de l'euro s'inquiète pour la Grèce », *Paris Match*, 25 juillet, 2015.

上，超过 200 位研究者和专家一致认为，应该排除以固定且不可调整的方式让非洲法郎和欧元挂钩这一选项①。在其中一位专家保罗-帕科姆·恩甘扎-奥库伊（Paul-Pacôme N'Guindza-Okouyi）看来，这样的挂钩会导致"一种自相矛盾且难以维系的局面，即要求非洲经济体和欧洲最发达的经济体具有一样的竞争力"。这些研究者还预见到非洲法郎估值过高的风险是不可忽略的：马斯特里赫特条约优先考虑的是物价的稳定性，而欧元的设计者们志在将欧元打造成美元的竞争货币。卡拉莫科·卡内（Karamoko Kané）警告说："拥有过高估值货币的发展中国家地区将其自身排除在世界竞争之外。"最后，这些非洲经济学家提醒道，选择不可调整的固定汇率机制意味着非洲国家失去了实行自主货币政策的可能性。在阿达玛·迪亚（Adama Diaw）看来，如果非洲法郎和欧元之间必须存在联系的话，那么这种联系应该是"松散的、可适应形势的"。简而言之，这些专家敲响了警钟：选择不可调整的固定汇率后，这些非洲国家很有可能看到它们的货币政策受制于欧元区的货币政策，并且它们的出口竞争力会减弱。

这些专家们的意见并没有被采纳。毫无疑问，这应该是他们意料之中的事，因为塞内加尔总统阿卜杜·迪乌夫甚至在研讨会的开幕式上宣称，与欧元挂钩是一个"发自内心、理性的选择"。他补充说道："我们清楚地意识到，我们之前和法国坚实的货币合作具有很多优势，我们应该在更大的地理范围内将这些优势最大化②"。研讨甚至还没开始就已经有了结果。至于非洲公民们，从

---

① Leurs analyses ont été publiées in BEN HAMMOUDA et Moustapha KASSE（dir.），*L'avenir de la zone franc*, *op. cit.*
② Cité *in* Ousmane DIALLO, *L'Arrimage du franc CFA à l'euro*, *op. cit.*, p. 7.

头至尾就没有人征询过他们的看法。法国政府在 1992 年组织了一次全民公投来批准马斯特里赫特条约，但法国和非洲领导人们并不认为这种民主测试适用于非洲国家。

法国再次不履行担保人的职责

最近，非洲法郎历史上另一个重大事件证实了法国当局仍是游戏的主宰者。这一事件发生在 2014 年至 2016 年的中部非洲经济货币共同体。确切地说，开始于 2014 年 6 月。当时，中非法郎区的石油生产国开始经历新一轮危机：石油价格突然暴跌，在 6 个月内下跌了近 50％。石油价格下跌的影响是多方面的。在 2014 年，石油占中非法郎区出口的四分之三以上，同时一半的财政收入来自石油。中非法郎区国家不得不减少投资支出，经济增长急剧放缓。在赤道几内亚，经济增长率甚至变成了负的：2015 年为－7.4％，2016 年为－9.9％。乍得的情况和赤道几内亚一样。在 2014 年至 2016 年期间，中非法郎区的增长率从 4.9％下降为 1.7％，财政赤字占 GDP 的比重从 1.8％迅速上升至 9％。喀麦隆是这次危机中表现最好的国家，因为喀麦隆的经济相对来说更具多样性，石油仅占其 GDP 的 10％。然而，例如乍得则不得不增加军事支出来应对武装集团博科圣地（Boko Haram）的攻击。中非法郎区存放在交易账户的外汇资产水平下降了，从 2013 年的 49744 亿非洲法郎下降为 2015 年的 32883 亿非洲法郎。2016 年 8 月，国际货币基金组织认为，中非法郎区外部资产将在 2017 年继续下降至 19884 亿非洲法郎[①]。国际货币基金组织指出："自 2016 年 3 月末起，外汇储备金降至只够支付未来 3.9 个月的进口额，这低于对一个自然资源丰富且有着固定汇率机制的货币联盟来说合适的水平（5 个月）。"中部非洲国家银行向其成员国提供了大量预算贷款，国际货币基金组织指责它对其成员国"过于好说话"。国际货币基金组织认为，这一政策达到了"它的极限"，并且"导致外汇储备减少"。

巴黎同样也指责中部非洲国家银行领导层的选择，这几乎可以看作背叛的开始，并且因某些非洲领导人的行为而生气。特别是乍得总统伊德里斯·代比（Idriss Déby）激怒了法国财政部：为了获得更多的贷款，这位法国的老盟友——他为法国在乍得领土上设立一个重要的法国军事基地提供了便利——发表了一些反对非洲法郎的言论。他在 2015 年 8 月称："有些条款已经过时了。为了非洲的利益，也为了法国的利益，我们应该重新审视这些条款。这些条款导致非洲经济下滑。"法国财政部清楚地收到了这一消息，立刻派出了一个小组前往位于雅温得的中非国家银行总部，研究如何在紧张局势进一步升级之前使乍得总统满意。这次行动的速度表明巴黎已经意识到非洲公众舆论中反非洲法郎和可能的反法立场的效力。

面对国际货币基金组织的批评，中非经济货币共同体当局回应称，它们不能在区域内国家面临困难时保持消极被动，并且它们实施的政策是其他央行在类似情况下实施的[②]。它们还特别提到，

---

① FMI, «Communauté économique et monétaire de l'Afrique centrale. Les politiques communes des États membres: Communiqué de presse; rapport des services du FMI; et Déclaration de l'Administrateur», rapport du FMI n° 16/277, août 2016.

② *Ibid.*

和法国签订的协议规定，如果外汇储备耗尽，法国国库将提供资金支持来保证非洲法郎的可兑换性继续有效。

然而，和 1994 年一样，法国并没有打算发挥其担保人的角色，这一角色要求法国在中部非洲国家银行用完外汇储备后向其提供对外活动所需的欧元总额。但是，法国并没有这么做，反而带着目的接触国际货币基金组织：推动中非法郎区各国向后者贷款。这样做的意图在于再次实施 1993 年颁布的"巴拉迪尔条款"，即在事先和国际货币基金组织达成协议的前提下，中非法郎区才能获得巴黎的援助。在非洲领导人们看来，这是最坏的解决方案：没有人忘记国际货币基金组织在 20 世纪 90 年代强加的用于交换贷款的条件以及因此导致的主权丧失。

"巴拉迪尔条款"的再现

在国际货币基金组织重申已经准备好"援助"中非经济货币共同体时，法国财长宣称国际货币基金组织是"唯一的解决方案"。这些非洲国家努力从其他地方寻求资金。加蓬和喀麦隆等国向总部位于阿比让的跨国金融机构非洲开发银行（BAD，Banque africaine de développement）寻求贷款。但是，这一解决方案很快就行不通了。法国及其西方盟友在非洲开发银行董事会中占有席位，为其针对低收入国家的项目提供资金（法国是主要出资者之一），因此可以引导非洲开发银行的决策过程。它们强制规定，尚未与国家货币基金组织达成调整方案或者没接受国际货币基金组织事先评估的国家将无法获得非洲开发银行的信贷支持来加强公共财政的可持续性和重建外汇储备。

　　在此期间，一则在中非法郎区内流传且愈发坚定的传闻断言中非法郎贬值不可避免且迫在眉睫。2016 年 12 月 23 日，在一个由巴黎和国际货币基金组织倡议的峰会上，处在压力之下的中非法郎区国家领导人们齐聚雅温得，并最终做出了妥协。法国经济和财政部部长米歇尔·萨潘和他的法国同胞、国际货币基金组织总裁克里斯蒂娜·拉加德（Christine Lagarde）也在场。会议的氛围很紧张。赤道几内亚总统特奥多罗·奥比昂·恩圭马·姆巴索戈（Teodoro Obiang Nguema Mbasogo）向法国代表们提出了令他们尴尬的问题。他大体上是这样问的："在我们遇到困难的时候，为什么法国国库不发挥担保功能？[①]"但他并没有获得回答。在峰会结束后，非洲领导人们宣布了一份由巴黎准备的公报，公报指出无需"重新调整现行和欧元的货币汇率"。他们让人们相信贬值的风险是存在的，但这一风险其实并不存在[②]。事实上，巴黎鼓动货币调整的想法只是为了让非洲国家领导人和公众舆论更容易接受"国际货币基金组织的药方"。在他们的最终公报上，非洲领导人们说，已经决定"在短期内同国际货币基金组织开展并结束双边会谈"。峰会结束时拍摄的照片总结了一切：六位国家领导人被米歇尔·萨潘和克里斯蒂娜·拉加德围在中间。

　　在国际货币基金组织看来，这次行动是成功的：自 21 世纪前十年中期以来，国际货币基金组织在中非法郎区几乎不再有存在

[①] Entretien réalisé en mars 2018 avec un expert qui a requis l'anonymat.

[②] 这样的方案实施起来既费时又费力，因为这不仅关乎中非经济货币共同体的非洲法郎，还意味着要和西非经济货币联盟的非洲法郎"脱钩"。这尤其还需要和欧洲当局进行政治磋商。国际货币基金组织、法国国库和中非经济货币共同体还需要做大量的准备工作。

感，这次行动可以让其重返中非法郎区。在接下来的几个月中，中非法郎区国家开始和国际货币基金组织进行谈判。例如，乍得将在三年内获得 2.55 亿欧元的贷款。作为交换，乍得应该保证削减公共开支，体现在降低公务员工资。这对法国来说也是有利的：和 1994 年一样，法国不必扮演担保人的角色。特别是，在西方人眼中，中国在中非法郎区的存在感过高，国际货币基金组织重返中非法郎区可以减小中国在这一区域的影响力。只要一个国家处在国际货币基金组织的项目之下，那么它就被禁止借贷非优惠贷款——市场利率的贷款而不是以低于市场利率的优惠利率授予的贷款——以及被禁止在没有事先协议的情况下向国家或者实体欠债。

这整个事件可以提醒我们，法国对非洲法郎的主权赋予了法国非常大的权力。另一个产油国尼日利亚成功地避免了国际货币基金组织的限制，丧失了货币自主权的中非法郎区国家则无法效仿。尼日利亚从未将国际货币基金组织的贷款和调整方案视为其经济和财政问题的解决方案。尼日利亚倾向于从非洲开发银行寻求预算支持来推行改革方案。第一笔的贷款顺利发放到位。但是，西方人利用其影响力给第二笔贷款的发放设置了条件，只有事先对尼日利亚改革方案进行评估才能拿到第二笔贷款。尼日利亚政府不愿意屈服于西方的霸权，而宁愿转向中国。北京同意向尼日利亚提供比非洲开发银行承诺的金额高得多的贷款①。

中非法郎区的这些事件揭露了第二个事实：在面对民主合法性薄弱和对国家经济事务缺乏掌控的领导人时，巴黎可以更为容易地强制推行其主张。20 世纪 80 年代以来，中非法郎区的大多数

---

① Entretien réalisé en mars 2018 avec un expert qui a damandé a ne pas cité.

总统是通过备受质疑的选举程序当选的。在 2014 年这次危机发生之前，他们通常对公共财政没有明确的管理。当巴黎在和某些国家元首商讨"私人"协议时，这确实给法国人提供了额外的施压手段，就像 1994 年的事件一样。

法国为法郎区制造纸币和硬币且掌控法郎区的黄金

科摩罗中央银行、中部非洲国家银行和西非国家中央银行发行的货币都有各自的货币代码：分别为 KMF、XAF 和 XOF。非洲法郎的纸币是在位于法国多姆山省（Puy-de-Dôme）沙马利耶尔（Chamalières）的法兰西银行印刷厂印制的，而硬币则是在位于吉伦特省（Gironde）佩萨克（Pessac）的巴黎造币厂（usine de la Monnaie de Paris）铸造的。法郎区国家并不是唯一在国外制造其货币符号的国家。在不属于法郎区的 39 个非洲国家中，只有 8 个国家拥有自己的造币厂和印刷厂：加纳、尼日利亚、南非、摩洛哥、埃及、阿尔及利亚、刚果民主共和国和苏丹[①]。选择法国来制造非洲法郎显然是因为法国和法郎区国家之间存在着久远而特殊的关系。法国在这一领域也拥有着丰富的经验：法兰西银行是欧元区第一大纸币印刷者，也为不属于欧元区和法郎区的国家制造货币符号，其中包括马达加斯加。

① Michel PAURON, «Impression des francs CFA: la fierté l'emporte sur la raison», *Jeune Afrique*, 9 novembre 2016.

然而,事情发展的方式是有问题的。首先,应当注意的是,法郎区的中央银行并没有为制造它们的货币符号进行招标,这违背了通常的良好管理原则。其次,我们可以思考为什么超过 70 年的"货币合作"没能让 15 个非洲国家拥有自行制造其货币符号的能力？一些人为这一情况进行辩解,他们认为货币制造流程对于相关非洲国家来说过于复杂。但是,这个理由很难让人信服,尤其是在这么长的时间段内。例如,肯尼亚和一家私营公司合作,后者同意迁至肯尼亚境内来制造先令。如果刚果民主共和国可以满足制造其货币的必要条件,那么法郎区国家也可以。这符合它们的利益,因为委托法国制造货币的费用太昂贵了。在 2013 年至 2017 年期间,西非国家中央银行花费了 2.268 亿欧元来"维持货币流通",这包括购买货币符号及其运输和保险,也就是平均每年 4500 万欧元[1]。在 21 世纪前十年中期至 2017 年期间,总花费略超 5 亿欧元。

另一个需要注意的重点是:法兰西银行掌控着西非国家中央银行和西非经济货币联盟国家近 90% 的黄金储备,2017 年估计为 1174234 盎司,即接近 36.5 吨[2]。一般来说,除了特殊的历史时期,中央银行以黄金的形式保存其资产,黄金是外汇中的外汇。在国际货币体系危机时期,这是唯一可以

---

① Voir les États financiers de la BCEAO de chacune de ces années sur le site 〈www. bceao. int〉.
② 中部非洲经济货币共同体的情况是不同的,其黄金储备很少,且似乎不由法兰西银行掌控。

获得经济主体信任的资产——因此被称为"避险资产"。2017 年 11 月，法国总统埃马纽埃尔·马克龙在正式访问西非经济货币联盟成员国布基纳法索期间，否认该国的黄金储备存放在法国。他肯定地告诉向他提问的学生们："如果谁能告诉我布基纳法索的黄金藏在巴黎什么地方，那么这些黄金我要了。巴黎没有布基纳法索的黄金，应该严肃一点。不应该过于简单化地看待复杂问题①。"是否应该从法国总统的回答中看到他的无知或者想要回避一个棘手问题的意图？因为法兰西银行掌控着西非经济货币联盟几乎所有的黄金这一事实并不是无关痛痒的：这是法郎区国家缺乏主权的另一个标志。

最后，法国再次证明了它的担保是子虚乌有的。只要查看 2016 年、2017 年和 2018 年的财政法案就能确认这一点：正如我们已经在第二章中明确指出的那样，法国政府并没有为在必要时刻保证非洲法郎的可兑换性而准备任何预算。在"货币协议"中，为这一承诺(法国国库为中部非洲国家银行、西非国家中央银行和科摩罗中央银行提供担保)准备的总金额为 0 欧元②。

---

① «Macron："si quelqu'un peut me dire où l'or burkinabè est caché à Paris je suis preneur!"»，〈www. youtube. com〉.

② Loi n° 2017 – 1837 du 30 décembre 2017 de finances pour 2018. *Journal officiel de la République française*，n° 0305，31 décembre 2017.

第五章

为法非特殊关系服务

法国当局如此执着于维持其在非洲法郎区的领导地位，并防止非洲国家脱离法郎区，这并不是毫无理由的：这些国家仍然被认为是不可或缺的工具。这甚至是法国用以确保维持"法非特殊关系"的主要武器，这种统治体系有利于维系"法非特殊关系"。得益于这种体系，法国可以从非洲大陆继续攫取各种重要物资，其中包括一些战略性原材料，法国企业可以轻易地占领非洲市场，并且可以自由地将获得的利润输送回国。而且，法国不需要为了维持这一体系的运转而额外付出任何代价。在未来，我们会看到，这一整体性系统将在竞争日益激烈的世界舞台上为法国提供更多的外交选择权，并为法国从政治上控制和压迫非洲国家提供特殊手段。

法国经济的重要工具

1970 年，法国社会经济福利委员会（Conseil économique et

social français)在一份报告中列举了维系法郎区"对法国来说无可争议的好处"。这份报告指出,法郎区的非洲国家为法国带来越来越多的外汇,其中一部分用于填补这些国家相对于法国经济的贸易逆差。另一个有利于法国的方面是,"对法国出口来说,这些海外国家即使不算'特许市场',至少也是重要且稳定的销售市场"。总之,非洲法郎体系"被证明是有利的,因为资金转移自由为法国在非洲的利益提供了保证",并且这一体系让法国可以"用法郎购买原材料"[①]。在这份报告发布近 50 年后,情况几乎没有改变。

与其所宣称的将参与"法国的发展援助政策[②]"截然相反,非洲法郎事实上仍在履行其最初的职能,即优先服务于法国的经济利益。这不足为奇,因为非洲法郎就是为了这个目的而设计的,它从诞生以来就没有发生过本质性的变化。非洲法郎体系有两个最大的受益者:法国和法国跨国公司,二者的利益是相互关联的。

与以往一样,非洲法郎让法国享有特权,可以很容易地从非洲获得农业、林业、矿产和能源资源:交易账户机制使法国可以在法郎区使用本国货币来购买这些商品。作为比较,我们选取一个日本进口商购买布基纳法索棉花的例子,这种产品是以美元计价的。在这种情况下,日本中央银行不能使用日元来支付这笔货款,而必须使用美元来进行结算。法国的情况则完全不同:例如,当一个法国进口商从布基纳法索购买价值 100 万美元的棉花时,法兰西银行无需使用美元。法兰西银行只需通过简单的操作,将等值于 100

---

① CONSEIL ÉCONOMIQUE ET SOCIAL,《Les problèmes monétaires de la zone franc》, *loc. cit.*

② INSTITUT MONTAIGNE,《Prêts pour l'Afrique aujourd'hui?》, septembre 2017.

万美元的欧元记入西非国家中央银行交易账户的贷方即可。因此，法国享有一项特权：法国可以使用自己的货币（以前是法郎，现在是欧元）来支付从非洲法郎区进口的费用，而无需借助其它货币。

正如我们在第二章中详细论述的，这种方式节约了法国的外汇储备。当法国相对于法郎区非洲国家存在贸易逆差时，就会出现这种情况：法国可以使用自己的货币来弥补这一逆差。此外，当法郎区非洲国家对外部世界拥有贸易顺差时，法国可以以优惠条件获得外汇，成本低于贷款。换句话说，当非洲国家的交易账户有盈余时，法国可以用比金融市场通行利率更优惠的条件获得借款。因此，交易账户给法国获取非洲国家的资金提供了相当大的便利。经济学家约瑟夫·春迪昂·普埃米将这种机制描述为"通过书写来输送资金（drainage par l'écrire）[1]"。

得益于非洲法郎机制，法国仍然是法郎区非洲国家最大的债权国之一，这对法国而言也是有利的：法国提供的每一笔贷款都可以让其从债务国获得收益和施压的手段。至少有三个原因可以用来解释法郎区这种债务特权：首先，固定平价带来汇率稳定性有助于促进以锚定货币为单位的借贷——相对于欧元的汇率风险要低于相对于其他货币的汇率风险。其次，正如我们将在后文看到的，非洲法郎体系抑制了法郎区非洲国家的内部借贷，迫使各国对外借债以为其发展筹措资金。最后，从政治维度上看，非洲法郎制度将法郎区国家置于法国政府的监管之下，这常常迫使它们向法国寻求援助。

---

[1] Joseph Tchundjang POUEMI, *Monnaie, servitude et liberté*, *op. cit.*

　　例如,巴黎向科特迪瓦提供了很多贷款。联合国非洲经济委员会（CEA，Commission économique des Nations unies pour l'Afrique）在 2013 年指出①,在 1970 至 2009 年期间,由于"与某些西方国家,尤其是法国"存在"特殊联系",科特迪瓦的双边债务总额"平均超过"了多边债务。根据联合国非洲经济委员会的数据,在 1975 年至 1998 年期间,法国还是向喀麦隆提供资金最多的国家,法国向喀麦隆提供了 253 笔贷款,总价值 50.35 亿美元,远远超过第二大出资国德国（86 笔贷款,总额 21.66 亿美元）②。这些贷款绝大多数是"捆绑的",也就是说带有交换条件:为了获得信贷,喀麦隆必须从法国进口商品和服务③。这导致法国既是喀麦隆最大的债务国,也是最大的供应国。联合国非洲经济委员会的另一项数据显示,尽管非洲法郎是法国货币"在喀麦隆的自然延伸",但是法国的贷款从未以非洲法郎结算,而是以当时的法国法郎或美元结算。在这种情况下,喀麦隆欠巴黎的未偿债务——也就是未偿债务总额——因非洲法郎在 1994 年的贬值而大幅增加④。其他国家的情况也基本上是一样的。但是,在 21 世纪前十年期间,随着中国强势重返非洲大陆,情况发生了变化。这个亚洲大国以原材料为交换条件提供了大量贷款,甚至成为了撒哈拉以南非洲最大

---

① COMMISSION ÉCONOMIQUE DES NATIONS UNIES POUR L'AFRIQUE, «Dette extérieure et qualité des institutions, impact sur la croissance économique: cas de l'UEMOA», Uneca, juillet 2013.

② COMMISSION ÉCONOMIQUE DES NATIONS UNIES POUR L'AFRIQUE, «Analyse critique de l'origine de la dette publique extérieure des pays africains. Cas du Cameroun», Uneca, 1998.

③ *Ibid*.

④ *Ibid*.

的双边债权国，在 2015 年占总债权的 55％，远超法国（7％）①。法国虽然在喀麦隆和刚果（布）被超过了，但在法郎区的科特迪瓦和布基纳法索等几个国家仍然处于优势地位②。

得益于这些贷款，法国不仅可以赚到钱，还可以为法国企业带来合同。事实上，一部分贷款资金被用于可以让法国经济经营者获利的项目上。法国的布依格集团（Bouygues）、凯奥雷斯集团（Keolis）、阿尔斯通集团（Alstom）因此获得了阿比让一条地铁线的建设与经营权，这个项目的资金来源于 2017 年法国向科特迪瓦提供的 14 亿欧元贷款③。法国当局还设计了一种协议，可以让大型法国公司从提供给非洲国家的贷款中获得更多收益。这就是减债促发展合同（Contrat de désendettement et développement），或者称为 C2D。在援助国决定免除满足重债穷国倡议（IPPTE，initiative pour les pays pauvres très endetté，这一倡议由国际货币基金组织和世界银行发起）条件的国家的债务后，这一机制于 2001 年建立。尽管其他资金援助国确实免除了其合作伙伴所承担的双边债务，但法国却选择以非常特殊的方式对债务进行转换，正如法国公共机构法国发展署（AFD，Agence française de développement）自己所阐释的那样："一旦重债穷国与法国发展署签署了 C2D 合同，那么该国将继续按时偿还债务，直至还清为止。在每个还款期日，法国发展署都会以捐赠的方式将相应的款项返还给该

① Institut Montaigne, «Prêts pour l'Afrique aujourd'hui?», *loc. cit.*
② Voir les données du ministère français des Affaires étrangères dans la rubrique «Relations bilatérales» avec le Burkina Faso et avec la Côte d'Ivoire (〈www. diplomatie. gouv. fr〉, consulté le 30 juin 2018).
③ «Macron pose la première pierre du métro d'Abidjan, financé par Paris», *Le Figaro*, 30 novembre 2017.

国。然后,这笔款项将为减贫项目提供资金①。"正是法国发展署控制了整个流程,它参与选择资助的部门、签约对象等。根据法国发展署自己的数据,这一机制资助的市场基本上是由法国企业继承的。因此,在 2006 年与雅温得签订的首个 C2D 合同(5.2 亿欧元)中,88% 的道路项目分配给了法国实体,其中包括万喜(Vinci)的子公司。在 2011 年签署的第二个 C2D 合同(3.27 亿欧元)中,所有农业领域项目的鉴定和技术援助都委托给了法国组织。法国发展署对这种优势作出了如下解释:法国企业在喀麦隆经营已久,因此拥有比竞争对手更具竞争力的专业技术和更可靠的原材料来源……非洲法郎体系和 C2D 合同促进了法国对非洲国家的放贷,这让法国公司得以巩固其历史上的垄断地位。然而,这一切不利于当地企业的发展。

确保法国企业的利润可以轻易汇回法国

总体而言,对法国大企业以及欧元时代的欧洲企业来说,法郎区仍然是利润丰厚的"游乐场"。由于汇率固定,非洲法郎与欧元之间货币贬值的风险为零,当企业在法郎区进行投资时,它们完全不需要为此担心。这种优势并非是无足轻重的:它们期望从投资中获得的回报不会因为欧元与非洲法郎之间的汇率变化而改变。得益于资金可以自由转移,欧洲企业可以没有限制地将从法郎区非洲国家获得的利润汇回欧洲,并且可以在经济形势变得不利时

---

① «Le C2D, un mécanisme pour soulager les pays endettés», 〈www. afd. fr〉.

迅速撤资。波洛莱（Bolloré）、布依格、电信运营商 Orange 公司、果业公司（la Compagnie Fruitière）、卡斯黛勒（Castel）、道达尔（Total）以及一些其他的商业团体从中受益良多。

此外，法郎区继续为法国企业提供优先供应的市场。这是因为非洲国家无法完成国家经济的工业化，从而无法将其原材料加工成商品以满足国内市场。这种现象也可以通过非洲法郎与强势货币欧元挂钩来解释，这让非洲中产阶级和上流社会拥有了"国际化"购买力来购买法国和欧洲的商品。因此，非洲法郎与欧元挂钩是法郎区国家授予的"贸易优惠"，这导致贸易朝着有利于法国和欧洲国家的方向发展。这是一个恶性循环：进口本可以自己生产的商品限制了当地工业的发展。应该特别指出的是，法国集团通常在法郎区占据垄断地位，得益于非洲低廉的劳动力价格和非洲国家慷慨的免税政策，它们在这里获得了"暴利"。因此，其中一部分法国企业的生存依赖于它们在非洲的经营活动。非洲大陆占波洛莱集团营业总额的 25% 和利润总额的 80%[1]。法国在非投资者委员会（CIAN，Conseil français des investisseurs en Afrique）董事会成员的来源说明，非洲对跨国公司来说非常重要：他们来自波洛莱集团、索姆迪亚公司（Somdiaa）、法国电信运营商 Orange 公司、法国电力公司（EDF）、道达尔、法国兴业银行、雅高集团（Accor）、巴克莱国际投资管理公司（BGI）、万喜集团、法国液化空气集团（Air liquide）、鲁吉耶公司（Rougier）、法国果业公司等。

在这种情况下，改变非洲法郎机制对法国商界来说没有任何好处。根据《青年非洲》（*Jeune Afrique*）周刊在 2010 年援引一位高级

---

[1] «La machine Afrique de Bolloré», *Les Échos*, 28 février 2013.

官员的说法,法国财政部还有一个亲法国在非投资者(布依格集团、道达尔集团、波洛莱集团、CFAO 公司……)的强大游说团,对这些投资者来说,取消非洲法郎体系将会导致它们的营业额大幅下降①。

自 21 世纪初以来,法国公司对非洲法郎体系愈发重视,这是因为随着中国和印度的崛起以及摩洛哥等非洲国家的活跃,法国公司在它们的"势力范围"面临着激烈的竞争。它们的市场份额出现了非常明显的下降。在 2000 年至 2011 年期间,法国在非洲的市场份额下降了一半,从 10.1% 降至 4.7%,而在 1990 年至 2011 年之间,中国在非洲的市场份额则增长了 7 倍,从 2% 上升至 16%。2013 年,中国在法郎区的市场份额已经超过了法国:中国的市场份额为 17.7%,而法国为 17.2%②。法国的贸易衰退在法郎区尤为明显,特别是在科特迪瓦、喀麦隆和加蓬。但是考虑到法国长期以来的贸易保护政策,这就不足为奇了。在 2005 年至 2011 年期间,法国在科特迪瓦的市场份额下降了 18 个百分点,在加蓬下降了 8 个百分点,在塞内加尔下降了 6 个百分点③。然而,这种下降是相对的,法国企业的营业额绝对值继续增加:蛋糕的份额比例在下降,但蛋糕的体量却增加了。此外,法国在科特迪瓦(法国 14%,中国 6%)、塞内加尔(法国 17%,中国 10%)和加蓬(法国 33%,中国 8%)的市场份额仍领先于中国④。

---

① «Franc CFA: les cinq questions qui fâchent», *Jeune Afrique*, 8 octobre. 2010.
② Hubert VÉDRINE, Lionel ZINSOU, Tidjane THIAM et Jean-Michel SEVERINO, *Un partenariat pour l'avenir: 15 propositions pour une nouvelle dymamique économique entre l'Afrique et la France*, Rapport au ministre de l'Économie et des Finances, décembre 2013, p. 3; pp. 54 – 56.
③ *Ibid*.
④ «Les entreprises françaises à la reconquête de l'Afrique», *La Tribune*, 14 décembre 2013.

如果非洲法郎与欧元脱钩，法国和欧盟在非洲的相对贸易衰退将更为明显。这也解释了法国当局为何会提出外交为经济利益服务来进行回应。外交部长洛朗·法比尤斯（Laurent Fabius）和财政部部长皮埃尔·莫斯科维奇（Pierre Moscovici）在 2012 年上任之后"很快就意识到非洲市场在这一危机时刻的重要性"。据《大陆报》（*Lettre du continent*）报道，他们因此动员"其行政部门为企业提供服务，这样做的目的很明确，即重新将非洲变成法国的黄金国。因此，法国外长以'经济外交'（diplomatie économique）的名义要求大使们充当法国企业真正的代理人[1]"。其结果是：2016 年至 2017 年间，法国对科特迪瓦的出口增长了 10%。2017 年，科特迪瓦是法国商品在撒哈拉以南非洲的第二大目的地国，仅次于南非[2]。法国国库的一份文件很好地概括了法国当局的心态，该文件在 2014 年阐述道，法郎区构成"法国的经济和商业潜力"，"对企业而言，这是重要的利益相关"，法国必须利用"紧密的文化与人文联系"把法国自身与法语区紧密关联起来，并对这一经济增长点善加利用。[3] 法国国库补充道，法国对法郎区国家的出口"约占对非销售总额的 20%，占制成品销售总额的 90%"。法国财政部还表示："面对新兴国家的竞争，法国企业凭借其有口皆碑的专业素养、对市场行情的深入了解、对私营部门的新机制支持，依然占据了良好的优势地位。"

---

[1] «Le business tricolore en ombre chinoise», *Lettre du Continent*, 5 décembre 2012.

[2] «Les échanges commerciaux France Côte d'Ivoire en 2017», Service économique régional d'Abidjan, Direction générale du Trésor, février 2018.

[3] «Réunion des ministres des Finances de la Zone franc-3 octobre 2014», 〈www.tresor. economie. gouv. fr〉.

贸易份额虽小但具有战略性

法国领导人通常倾向于忽视法郎区的贡献以及维持非洲法郎给法国经济带来的好处。例如，尼古拉·萨科齐（Nicolas Sarkozy）在 2006 年 5 月访问马里时宣称，"法国在经济上不再需要非洲"[1]。根据官方数据，非洲在法国对外贸易中所占份额确实不高。1970年，法国的出口商品中有 8.7% 运往非洲，而 2010 年为 5%[2]。法郎区约占法国对外贸易的 1%[3]。但是，这些数据并不能完全反映法国与法郎区国家的贸易关系。例如，这些数据并没有说明这些前法属殖民地国家经常要以高于国际市场价格 20% 至 30% 的价格进口法国商品[4]。与之相反的是，法国和法国企业从法郎区国家购买商品的价格往往低于国际市场价格[5]。殖民时期就已经存在这种情况：法国本土在其控制的区域内以平均低于国际市场价格 50% 的价格购买商品。如今，众所周知的是法国欧安诺集团（Orano，2018 年 1 月之前叫阿海珐，Areva）支付给尼日尔政府购买铀矿的费用仍旧十分低廉——更何况这笔费用并没有对开采铀矿造成的环境和健康问题做出补偿。中国驻尼日尔大使在 2010

---

[1] Cité *in* Philippe HUGON, « Où en est-on de la " Françafrique "?», *Revue internationale et Stratégique*, 2010, vol. 1, n° 77, pp. 163 – 168.

[2] *Ibid.*

[3] Yves GOUNIN, *La France en Afrique*: *le combat des Anciens et des Modernes*, De Boeck Supérieur, Bruxelles, 2009, p. 11.

[4] Alexander J. YEATS, «Do African countries pay more for imports? Yes», *The World Bank Economic Review*, 1990, vol. 4, n° 1, pp. 1 – 20.

[5] Federico TADEI, «Measuring extractive institutions: colonial trade and price gaps in French Africa», EHES Working Papers in Economic History n° 109, 2017.

年指出："如果尼日尔开发了四十多年铀矿的收益还不如出口洋葱的收益，那么这就存在问题①。"每当尼日尔领导人要求法国上调铀矿采购价时，巴黎都无动于衷，并且在必要时还会挑起政变或煽动叛乱集团起事②。所有这些"贸易优惠"使得法国企业可以在激烈的国际竞争中生存下来。正是在非洲，尤其是法郎区，法国一直拥有贸易顺差。对法国经济来说，法郎区发挥了"安全阀"的作用。

　　法国的官方数据掩盖了另一个事实：大多数法国从法郎区进口的原材料对其工业至关重要。因此，虽然法国从主要供应国之一尼日尔进口的铀仅占法国进口总额的0.12%③，但很显然法国不可能在一夜之间放弃这种战略物资，其中尼日尔开采的铀矿满足了法国30%的民用需求以及100%的军用需求④。没有尼日尔，就没有为法国提供了近四分之三电力的核能，更不用说能源自给和核威慑力。铀矿的这种模式同样适用于很多其他产品，这些产品发达国家无法生产，但对其工业来说却至关重要。维持法非特殊关系和非洲法郎机制可以让法国在"大国"的激烈竞争中捍卫其"座次"。这就是为什么政治学家霍勒斯·坎贝尔（Horace Campbell）不无挑衅地写道："没有非洲的资源，法国将沦为一个影响力与奥地利相当的二流国家⑤。"

---

① «Uranium： Chine et France à fronts renversés», *Jeune Afrique*, 21 juin. 2010.
② *Ibid*.
③ CNUCED, «Manuel des Statistiques de la CNUCED 2014», Nations unies, New York et Genève, p. 9. Voir AMBASSADE DE FRANCE AU NIGER, «Le commerce bilatéral France-Niger en 2013», 〈www. diplomatie. gouv. fr〉, 2014.
④ Jeanny LORGEOUX et Jean-Marie BOCKEL（rapporteurs）, *L'Afrique est notre avenir*, rapport d'information n° 104, 29 octobre, 2013, p. 237.
⑤ Horace CAMPBELL, *Global NATO and the Catastrophic Failure in Libya. Lessons for Africa in the Forging of African Unity*, Monthly Review Press, New York, 2013.

非洲法郎机制在为法国利益服务的同时,也给某些非洲社会团体带来了一些经济优势。例如,非洲法郎与强势货币欧元挂钩可以让非洲进口商通过进口产品来大赚一笔,这些进口产品可以很容易地击败那些通常缺乏竞争力和缺乏保护的本土产品。我们已经在前文中指出过,这让非洲中上层阶级拥有了一种"人造的"的国际购买力,这种国际购买力可以让他们获得和西方中产阶级和上流社会同样的商品和服务。此外,资金自由转移原则可以让富有的精英们将他们通过合法或非法途径获得的财富存放在欧洲或者其他地方。因此,他们中的许多人把自己的财富转移到欧洲——这顺带说明了他们对非洲法郎并没有信心。对于欧洲的经济体来说,这些财富的转移显然是有利的。法郎区的银行(无论是法国的银行、摩洛哥的银行,还是"泛非的"银行)同样蓬勃发展:由于其行业的寡头垄断性质,它们获得了巨额利润,其收益率跻身世界最高水平[1]。总体而言,非洲法郎机制对法郎区所有外来的利益攸关方来说都是有利的,其中包括中国、印度等国,这些国家减弱了法国在其"势力范围"内的影响力。

无本生利

对于法国及其经济参与者来说,维系非洲法郎的优势在于无需花费任何费用。法国从未无偿地支付任何费用来确保非洲法郎

---

[1] Samuel DIOP «L'évolution du système bancaire en zone franc», *Techniques financières et développement*, vol. 4, n° 121, 2015, pp. 59 – 69.

的国际可兑换性。在 20 世纪 80 年代初至 90 年代初这一时期（从 1994 年开始，法国不再向法郎区的中央银行发放贷款），当交易账户有盈余时，法国甚至还能赚一些利息①。更为有利的是，一位经济学家计算得出，可兑换性担保的理论成本（也就是说，当法郎区国家的外汇储备即将耗尽，并且法国国库作为回应必须发挥其著名的担保职责时，法国国库所必须动用的资金总额）会逐渐减少直到可以忽略不计。在 1962 年至 2005 年期间，对于非洲法郎区来说，这一理论成本仅占法国 GDP 的 0.8％至 1.3％②。这一比例之所以这么低，是因为在法国严格控制之下的西非国家中央银行和中部非洲国家银行必须要让交易账户一直保持资金充足，甚至过度充足，这也就导致无需法国的担保。法国与法郎区非洲国家之间经济发展差距的拉大也解释了这一点。实际上，非洲国家仍然贫困或者经济信用差，可兑换性担保的理论成本也就相对更低。经济学家布鲁诺·蒂内尔（Bruno Tinel）在 2016 年对此现象做出了解释："法国能够承担这一'担保'使命恰恰是因为非洲法郎区的经济体量和法国自身相比非常小；事实上，在 2014 年，西非法郎区和中非法郎区的 GDP 相当于法国 GDP 的 7％，而人口却比法国多两倍。如果这两个非洲法郎次区域的经济发展壮大得过快，那么法国将无法在货币领域对它们进行家长式管理。换一种争议较少的说法就是：只要非洲法郎区的经济体量相对法国而言仍然较小，

---

① «Standard & Poors livre son point de vue sur le franc CFA, ses éléments positifs et négatifs, au-delà de son impopularité», *Agence Ecofin*, 9 décembre 2017.
② Romain VEYRUNE, «Fixed exchange rate and the autonomy of monetary policy», *loc. cit.*

那么这一体系就可以维持下去①。"

　　当交易账户有盈余时,法国国库支付给法郎区中央银行的利息很低。约瑟夫·春迪昂·普埃米在 1980 年明确指出,例如在 20 世纪 60 年代至 80 年代期间,执行的利率是法兰西银行的利率,"也就是说,通常情况下是最低利率"。而在此期间,法兰西银行则以更高的 4％—5％的收益率将其自有资产投入到金融市场。当时法国的通胀率约为 8％,"因此远高于支付给'交易账户'的利率,我们得到了这个奇怪的结果:事实上,这些国家向法国国库支付费用来保管它们的'外汇'——非洲法郎",喀麦隆经济学家普埃米如是说②。欧元的启用导致法国应付给法郎区央行的报酬的计算方式发生了变化:它们从此之后是根据欧洲中央银行的两个关键利率来确定的。第一个是再融资利率③,适用于在第二章提及的存放在平准账户中的外汇储存。第二个是边际贷款利率,用于交易账户的强制性存款配额(西非国家中央银行的比例为 50％;自 2014 年以来,中部非洲国家银行的比例为 50％,最低不能低于 40％)。2007—2008 年全球金融危机之后,为了重振欧元区的经济,欧洲中

---

① Bruno TINEL,《 Le fonctionnement et le rôle des comptes d'opérations entre la France et les pays africains》, in Kako NUBUKPO, Bruno TINEL, Martial ZE BELINGA et Demba Moussa DEMBELE (dir.), Sortir l'Afrique de la servitude monétaire, op. cit.

② 约瑟夫·春迪昂·普埃米说明了非洲法郎体系对非洲国家来说是多么昂贵。他解释道,如果这些非洲国家把它们的外汇储备兑换成黄金,而不是存在交易账户中,那么它们可以因此获得 2500 亿非洲法郎的收益,这相当于它们三年的偿还外债的支出。POUEMI, op. cit., pp. 58‑59.

③ 再融资利率(官方全称为"主要再融资操作"利率)是欧洲央行向需要短期流动性(一周至一个月)的欧元区银行提供借款时使用的利率。边际贷款利率(官方全称为"边际贷款便利"利率)适用于欧洲央行向欧洲银行机构提供的必须在 24 小时内偿还的贷款,它总是高于最低再融资利率。

央银行下调了这两个利率：边际贷款利率从 2008 年 7 月的 5.25％逐渐下降至 2016 年 3 月的 0.25％——此后一直没有变动。边际贷款利率的下调在法郎区非洲国家产生了深刻的影响：在 2010—2013 年期间，这些非洲国家从法国国库获得实际利息是负的，欧洲央行的边际贷款利率低于同一时期欧元区的通胀率。这意味着非洲国家的财产遭受了损失，用之前约瑟夫·春迪昂·普埃米的话来说就是"向法国国库支付费用来保管它们的外汇"。这种情况无疑在一定程度上推动了 2014 年中部非洲国家银行交易账户协议的修订。从此以后，交易账户中资金的最低收益率为 0.75％，即使欧洲央行的边际贷款利率低于这一标准也是如此。然而，实际利率依旧很低，2014 年为 0.25％，2015 年为 0.75％，2016 年为 0.45％，2017 年为 - 0.95％[①]。

我们如果进行计算的话会发现法国政府向非洲中央银行支付的报酬净额从未超过其税收收入的 0.4％[②]。这显然不会给法国国库带来"损失"。因为法国国库可以使用这些央行的外汇储备，可以根据其融资需求来进行支配。对于借款人来说，支付其借款的利息并不是一种"损失"。此外，在经济形势允许的情况下，法兰西银行可以将这些非洲资金投资到收益率高于其支付给西非国家中央银行和中部非洲国家银行的利率的地方，然后从中赚取差额[③]。

---

① Les données sur la facilité de prêt marginal dérivent de la BCE et celles sur l'inflation en zone euro d'Eurostat.

② Romain VEYRUNE, «Fixed exchange rate...», *loc*, *cit*.

③ 此外，在 2014 年修改交易账户协议时，法国国库为非洲法郎兑换特别提款权的担保设置了每年 1 亿欧元的上限。这意味着，法郎区国家任何可能发生的超出此限额的汇兑损失将结转到下一个财政年度。法国审计法院的一份报告着重指出，"这种新机制可以在法国面临欧元持续大幅贬值时分散财政风险，还可以在担保激活（转下页）

因为这一体系几乎是不透明的,甚至是鲜为人知的,所以存放在交易账户上的资金数额问题经常会引起一些猜测。其中一些人认为,得益于这些资金的带来的经济收益,法国在非洲国家的支持下变得极度富裕。我们必须清楚的是:这些资金并没有想象中那么重要。在 2016 年底,西非国家中央银行交易账户上的资金约为 49 亿欧元[①],中部非洲国家银行则约为 18 亿欧元[②],而法国在 2018 年 2 月的外汇储备约为 1510 亿欧元。必须要明确指出的是,这些资金确实是属于非洲国家的。这不是"损失的"钱或者是被法国"占为己有"的钱,因为这些外汇储备在货币供应量中已经有了它们的"等价物",并且这两家非洲央行在需要时可以使用这些资金。

然而,不能错误地认为交易账户上的可用资金是无关紧要的。这种观点就相当于认为法国汽车行业对法国经济的贡献是"无关紧要的"。在 20 世纪 60 年代中期,交易账户上的资金与法国汽车行业出口额恰好相当[③]。2016 年,法国农业和农产品加工业的贸易顺差为 59 亿欧元[④]。交易账户的余额(即 67 亿欧元)比这一顺

(接上页)和欧元兑换特别提款权汇率升高时减少支付给西非央行和中非央行的金额。"换言之,当非洲国家存放交易账户中的外汇遭受汇率损失时,法国可以进行延期偿付。(voir Cour des comptes, «Comptes d'opératións monétaires. Pertes et bénéfices de change. Note d'analyse de l'exécution budgétaire 2014»；KPMG et MAZARS, «BEAC. Rapport sur le contrôle des comptes d'opérations. Exercice clos au 31 décembre 2016»).

① BCEAO, *Rapport annuel* 2016, 〈www. bceao. int〉, p. 44.
② BEAC, *Rapport annuel* 2016, 〈www. beac. int〉, p. 46
③ Samir AMIN, «Contre-rapport», *in* Rodrigue TREMBLAY (dir.), *Afrique et intégration monétaire*, éditions HRW, Montréal et Toronto, 1972, pp. 351 - 361.
④ BANQUE DE FRANCE, «La balance des paiements et la position extérieure de la France en 2016», 〈www. banque-france. fr〉, 11 mai 2017, p. 3.

差的金额还多，是法国对撒哈拉以南非洲官方援助数额的两倍多①。此外，交易账户上的贷方余额有助于填补与执行财政法令相关的亏空，偿还法国的公共债务。这些非洲的资金可以在法国遭遇经济困难时为其筑造一张安全网，还可以巩固巴黎金融中心的地位②。

"一个法国官员就可以冻结整个国家"

法国从非洲法郎机制中获得的好处并不局限在金融和经济方面，也有政治上的好处。以优惠的价格从非洲国家进口原材料，比如铀和石油，为法国提供了维系"大国"地位的手段。最重要的是，非洲法郎为巴黎提供了施压、压制、控制非洲国家的手段，巴黎因此可以在必要的时候越过经济层面，引导 15 个法郎区非洲国家的政治发展方向。

科特迪瓦近期的经历就为我们提供了一个特别惊人的案例。这一事件始于 2010 年 11 月科特迪瓦第二轮总统大选后的政治军事危机。这次大选在高度紧张的局势下进行，其结果引发了强烈争议。选举之后发生的危机导致了一个前所未有的局面：一个国家同时存在两个总统。一个是被科特迪瓦宪法委员会宣布再次当选的前任总统洛朗·巴博（Laurent Gbagbo），他因此保留了实际

---

① «Infographie：l'aide publique au développement en chiffres»，〈www. diplomatie. gouv. fr〉.
② CONSEIL ÉCONOMIQUE ET SOCIAL，«Les problèmes monétaires de la zone franc»，*loc. cit.*

权力以及对政府部门的控制。另一个是被"国际社会"视为是获胜者的阿拉萨内·瓦塔拉（Alassane Ouattara），但他仅能控制其在阿比让入住的酒店。

法国总统尼古拉·萨科齐（Nicolas Sarkozy）是阿拉萨内·瓦塔拉的朋友和主要支持者，他希望看到瓦塔拉成为科特迪瓦的国家元首，因此发动了各类机构（特别是法郎区的机构）来帮助瓦塔拉。法国当局的计划是让科特迪瓦政府陷入瘫痪，从而促使洛朗·巴博下台。这个计划是分几个阶段完成的。在法国的指示下，西非国家中央银行总部（阿拉萨内·瓦塔拉在 1988 年至 1990 年期间担任这家银行的行长）开始阻止科特迪瓦政府获取其存放在西非国家中央银行账户上的资金。法国还关闭了西非国家中央银行的科特迪瓦分行。阿比让通过个人请求的方式成功地让科特迪瓦分行重新开门，西非国家中央银行因此删除了一个信息程序来阻止它的运转。此外，西非国家中央银行的董事们指责行长亨利-菲利普·达库里-塔布里（Henri-Philippe Dacoury-Tabley）对阿比让当局过于顺从，并强迫其辞职。由于洛朗·巴博一直不交权，法国财长在 2011 年 2 月要求在科特迪瓦经营的法国银行（即法国巴黎银行集团科特迪瓦分行（BICICI）和法国兴业银行集团科特迪瓦分行（SGBCI））停止经营活动。这两家银行都遵从了法国的指示。同时，西非国家中央银行还威胁其他在科特迪瓦的银行，如果它们执意要与洛朗·巴博政府合作的话，将会受到制裁①。

由于无法命令不受其控制的非法国的金融机构停止所有对外

---

① «Côte d'Ivoire：la BCEAO menace de sanctions les banques collaborant avec Gbagbo»，*Jeune Afrique*，11 février 2011.

业务，法国采取了进一步的行动。法国动用了它的隐形武器：交易账户。在西非国家中央银行的协助下，法国财政部暂停了科特迪瓦的支付和外汇交易，这些交易必须要通过西非国家中央银行的交易账户来进行。科特迪瓦与国外的商业和金融交易就这样被冻结了。科特迪瓦的企业则陷入了无法进行进口和出口的困境。科特迪瓦的外交人员也因此无法收到他们的财政拨款。通过这一系列的行动，法国政府证明了交易账户体系可以被转化成一个有力的施压工具：法国可以通过这一体系实施强有力的金融封锁。洛朗·巴博在这一危机时期的预算部长朱斯坦·科内·卡蒂南（Justin Koné Katinan）在 2013 年表示："我亲眼看到了法非特殊关系……我看到了，法国为了专属利益，如何将我们的金融体系完全保持在法国的统治之下。我看到了一个法国官员就可以冻结整个国家①。"

硬实力

法国前财长、国际货币基金组织前总裁多米尼克·斯特劳斯-卡恩（Dominique Strauss-Kahn）在一份 2018 年 4 月发布的关于法郎区的报告中指出，法国对非洲法郎和科摩罗法郎的可兑换性保证"建立了一种同法国的特殊联系，无论我们愿意与否②"。法郎区

---

① «Koné Katinan fait des révélations sur le rôle de la France et de Christine Lagarde dans la crise des banques en Côte d'Ivoire», *Le Nouveau Courrier*, 23 juin 2013.

② Dominique STRAUSS-KAHN, «Zone franc, pour une émancipation au bénéfice de tous», avril 2018.

是"一种可以赋予法国权力的影响力工具。这是一种'软实力',与非洲保持着特殊的关系",经济学家萨米埃尔·盖里诺(Samuel Guérineau)强调说①。但是,2010年和2011年在科特迪瓦发生的事件表明,这远远超出了"软实力"的范畴。如今,法郎区国家和法国的所有关系仍然取决于非洲法郎机制。这是"法非特殊关系"的基石。正是通过这一武器,"法非特殊关系"才能在经济和政治方面长久存在。非洲法郎机制可以让非洲国家保持对法国的依赖关系,让它们的领导人处于一个"从属于"法国的位置。法国对非洲"伙伴"施压的影响力是无法估量的。我们举一个阿海珐集团的例子,在法国对尼日尔总统马马杜·坦贾(Mamadou Tandja)施压后,阿海珐集团击败了一家中国企业,在2009年获得了尼日尔伊姆拉兰(Imouraren)铀矿的开采合同:根据学者埃马纽埃尔·格雷瓜尔(Emmanuel Grégoire)的说法,尼古拉·萨科齐"闪电访问尼亚美,作为回报,他在访问期间向尼日尔总统保证,法国将在尼日尔正在进行的政治进程中保持中立"②。

当然,非洲领导人们也可以把非洲法郎当作一种要挟的手段,就像伊德里斯·代比(Idriss Déby)在2015年和让-贝德尔·博卡萨(Jean-Bedel Bokassa)在更早之前所做的那样。但是,这种要挟不可能一直有效。经济学家卡科·努布波(Kako Nubukpo)等一些分析人士认为,这些非洲执政者接受了法国强加的游戏规则,表现出了一种"自愿的奴役(servitude volontaire)"③。他们的确几乎

① «Macron "ouvert" sur l'avenir du franc CFA», *Le Figaro*, 19 août 2017.

② Emmanuel GRÉGOIRE, «Niger:un État à forte teneur en uranium», *loc. cit.*

③ Kako NUBUKPO, «Politique monétaire et servitude volontaire. La gestion du franc CFA par la BCEAO», *Politique africaine*, n° 105,2007, pp. 70 - 84.

从不对这些游戏规则提出异议，但这也是合乎逻辑的：巴黎方面继续设法让非洲国家领导人同意或者服从它的安排。这些非洲领导人只要同意为法国和法企在他们各自领土上的活动提供便利，并且与法国外交部的外交立场保持一致，就能获得一定的好处，例如可以获得一定的保护来应对烦人的反对派。因此，对于他们来说，不质疑非洲法郎就意味着"安稳的"任期，甚至是"长期的"任期，我们可以在大多数石油资源丰富的中非法郎区国家看到这种情况。截至 2018 年，奥马尔·邦戈（Omar Bongo，加蓬）、保罗·比亚（Paul Biya，喀麦隆）和德尼·萨苏-恩格索〔Denis Sassou-Nguesso，刚果（布）〕这三位总统加起来一共执政了 110 年，而且他们的故事还没有结束：奥马尔·邦戈在 2009 年去世，他的儿子接替他继续执政，而另外两个人则似乎想把任期再延长几年……在这种情况下，他们没有任何动力来改善其国民的境遇，因为不管有没有国民的支持，他们都可以继续当权。因为巴黎代替他们负责货币和汇率政策，所以他们在这一领域无需付出任何努力。他们意识到法国对非洲法郎体系的重视，他们知道法国会在第一时间扑灭任何威胁到非洲法郎的火苗。这种不负责任的法非特殊关系"文化"阻碍了民主问责制的制度化，巴黎当然鼓励这种"文化"。也许我们更应该借用布基纳法索历史学家约瑟夫·基-泽尔博（Joseph Ki-Zerbo）的讽刺语——"甜蜜的束缚（aliénation sucrée）"，而不是称之为"自愿的奴役"①。

只要法国拒绝改变或者终结这一体系，改革派非洲领导人就

---

① Miguel ABENSOUR，«Du bon usage de l'hypothèse de la servitude volontaire?»，*Réfractions*，n° 17，2006，pp. 65 - 84；Joseph KI ZERBO，*À quand l'Afrique?* *Entretien avec René Holenstein*，Éditions d'en bas，Lausanne，2013，p. 184.

没有多少回旋的余地。更何况法国的货币权力和军事是密不可分
的。事实上,法国非常重视维系"殖民条约"中的另一个要素——
军事。在 1960 年至 1991 年期间,法国是在非洲大陆上部署军队第
二多的国家,仅次于古巴。在此期间,哈瓦那在支持民族解放运
动,而法国则在 16 个非洲国家发动了近 40 次军事干预行动来维护
自身利益①。法国一直在塞内加尔、科特迪瓦、乍得、加蓬、布基纳
法索、马里、尼日尔拥有永久性军事基地或"军事据点"。法军也为
一部分法郎区国家的军官提供咨询和培训。因此,法国可以动用
武力来对付潜在的顽固反对派或者为盟友提供军事支援。1978
年,法国总统瓦莱里·吉斯卡尔·德斯坦谈到法国在扎伊尔(如今
的刚果民主共和国)的军事行动时解释说:"法国代表非洲履行其
职责。法国与非洲离得很近,在传统上我们许多资源和原料来自
非洲……非洲局势的变化、非洲大局发生不安全不稳定事件将对
法国和欧洲产生影响②。"这项声明宣布将近 40 年后,非洲最重要
的可可生产国和法郎区的重要支柱科特迪瓦为这项政策付出了代
价。用阿拉萨内·瓦塔拉的话来说,这种货币武器未能让洛朗·
巴博像"烂水果那样"掉落,于是法国在 2011 年 4 月决定动用军
队③。法国之所以这么做,是因为科特迪瓦政府正在筹备创立一种
本国货币,并且想让科特迪瓦退出法郎区。对科特迪瓦当局来说,
这是唯一可以避开西非国家中央银行金融陷阱的方法,因为后者

---

① Elisabeth SCHMIDT, *Foreign intervention in Africa*, *From the Cold War to the War on Terror*, Cambridge University Press, New York, 2013, pp. 165 – 166.

② Interview télévisée de Valéry GISCARD D'ESTAING au lendemain de l'opération militaire française à Kolwezi le 18 mai 1978, cité *in Tricontinental*, 1. 81, *La France contre l'Afrique*, Petite collection Maspero, Paris, 1981.

③ Sabine CESSOU, «Comme un fiuit pourri», *Libération*, 7 janvier 2011.

拒绝向科特迪瓦分行提供纸币。2018 年，一位当时巴博政府的高官向我们阐释了科特迪瓦当局应对西非国家中央银行制裁的措施，他还将后者称为"法国政府的蟒蛇"。他说："我们未来货币的小额纸币和外观设计已经完成。为了避免扰乱人民的生活，我们决定新货币将采用和非洲法郎相同的面值。新货币的纸币和硬币将交由外国制造。我们正与一个友好的非洲国家进行协商，这个国家原则上同意在我国央行可以运转后接管我们的外汇账户。当法国意识到自己有失去对科特迪瓦控制的危险时，我们实际上已经处于货币的实际合作运营阶段，当我们在自家主场的货币领域击溃法国的时候，法国动用了比我们更多的力量来避免失败：军队[1]。"

在对数个军营以及洛朗·巴博的总统府和官邸轰炸数日后，阿比让法军基地的士兵们在 2011 年 4 月 11 日对科特迪瓦军队发起了大规模进攻。行动当天，法军逮捕了洛朗·巴博，法军的行动也随之结束[2]。

一种"政治影响力"

所有人都承认法国对法郎区的政治控制，其中包括非洲法郎的支持者，即使他们的措辞通常是比较温和的。在一份 2013 年发布的题为《非洲是我们的未来》(L'Afrique est notre avenir)的报告

---

[1] Entretien réalisé par écrit en avril 2018.
[2] Fanny PIGEAUD, *France Côte d'Ivoire*, *une histoire tronquée*, op. cit.

中,法国参议院强调称:"法郎区('数百名法国技术助理和顾问为某些法郎区国家的总统府工作')继续'在为法国的影响力做贡献'。[1]"法国自由派智库蒙田研究所(Institut Montaigne)在 2017 年发布了一份题为《准备好迎接今天的非洲了吗?》(Prêts pour l'Afrique aujourd'hui?)的报告。蒙田研究所在这份报告中解释称,"政治上的考量"和"政治影响力"一直同非洲法郎联系在一起。显而易见的是:由法郎区构成的殖民帝国的遗产让法国在国际外交舞台上拥有了独特的地位。法国因此获得了联合国安理会常任理事国的合法地位。在纽约联合国总部,这些曾被法国殖民的非洲法语国家仍被视为巴黎的势力范围:在与这些国家相关的问题上,法国实际上仍然拥有绝对的话语权。联合国的一位非洲官员指出,"在联合国安理会中,我们以关于科特迪瓦的议题为例,法国是这些议题的'执笔人',也就是说法国是起草决议的国家。更广泛地说,法国可以为关于科特迪瓦问题的讨论定下基调[2]"。这个非洲"后花园"为法国提供了一个忠实的票仓,这让法国可以主导联合国的决定和行动。为了避免人们忘记法国掌控着一大片土地,法国每半年都会召开一次法郎区财长会议,这可以告诉其他大国法国一直控制着法郎区[3]。2003 年 6 月 18 日,时任法国外长多米尼克·德维尔潘(Dominique de Villepin)在法国国民议会上宣称:"非洲对法国来说是一个机遇。非洲不仅开阔了我们的视野,还提振了我们在国际舞台上的雄心。"而他却没有说明的是,这一

---

① Cité *in* Jeanny LORGEOUX et Jean-Marie BOCKEL, *L'Afrique est notre avenir*, *op. cit.*

② Entretien réalisé par écrit en avril 2018.

③ Fanny PIGEAUD, «Le franc CFA (2/3): entre domination et servitude volontaire», *Mediapart*, 9 août 2016.

切损害了非洲国家及其人民的利益。

针对中非央行和西非央行的抢劫和骗局

多起关于中部非洲国家银行和西非国家中央银行的丑闻证明，当涉及保护法国及其盟友的利益时，通常严格而压抑的非洲法郎体系也可以变得非常宽松。2008 年的一起丑闻就牵涉到了中部非洲国家银行和法国兴业银行的最高层：在国际金融危机中，中部非洲国家银行行长、加蓬人菲利博特·安泽贝（Philibert Andzembé）将 5 亿欧元放到法国兴业银行进行高风险投资。他这么做违反了银行章程，并且央行董事会对此并不知情。这一做法带来了灾难性的后果：中部非洲国家银行损失了 164 亿非洲法郎，即 2500 万欧元。法国兴业银行起初是为中部非洲国家银行提供投资建议的，后来则成了后者投资的第一渠道。在中非法郎区国家元首们的压力之下，法国兴业银行不得不承担了部分损失。在同一时期，一项调查显示，在 2004 年至 2008 年期间，近 3000 万欧元被转移至中部非洲国家银行的巴黎办事处。根据一份中部非洲国家银行的内部报告，挪用公款之所以能够实现，是因为监管机制"远低于国际标准"①。银行的最高层因此受到了牵连，行长菲利博特·安泽贝于 2010 年年初被免职，而此时他

---

① 《Scandale BEAC：des "mesures fortes" après les malversations》，Agence France-Presse，6 novembre 2009.

的任期尚未结束。根据一位中部非洲国家银行高管在美国驻雅温得大使馆透露的消息，挪用公款的事情很可能已经持续了 30 年，从中受益的不仅仅有央行的员工：其中一部分资金还落入了加蓬高层（其中包括总统奥马尔·邦戈和他的儿子阿里·邦戈）和法国政党高层的腰包。根据维基解密（WikiLeaks）在 2009 年公布的美国外交电报，在奥马尔·邦戈的要求下，确实有一部分赃款"被移交给了法国的'右翼'政党，特别是用于支持雅克·希拉克和尼古拉·萨科齐①"。2011 年，中部非洲国家银行明确表示，对巴黎没有为此事采取"任何重大的后续行动而感到非常遗憾②"。根据一份从巴黎发出的美国外交电报，法国外交部负责中部非洲的副主任斯特凡·格伦贝格（Stéphane Gruenberg）仍然预言这一事件将会引发"一系列的指控（毫无疑问也包括法国公民）③"。

　　我们还应该谈一谈 20 世纪初针对西非国家中央银行科特迪瓦分行的多起持械抢劫案。第一起持械抢劫发生于 2002 年 8 月，抢劫对象为阿比让分行。接下来的一起发生于 2003 年 9 月，针对的是布瓦凯（Bouaké，位于科特迪瓦中部）

---

① «Central Bank source："Gabonese stole $40 million，funneled some to French politics"»，câble du 7 juillet 2009 de l'ambassade des États-Unis au Cameroun，09YAOUNDE6Q8_a，rendu public par WikiLeaks，et publié le 28 décembre 2010 par *El Pais*.

② «La justice française n'a donné aucune suite significative»，*Jeune Afrique*，25 janvier 2011.

③ «Gabon：President Ali Bongo's visit to France（November 18 - 20）»，câble du 2 décembre 2009 de l'ambassade des États-Unis en France，rendu public par WikiLeaks（〈wikileaks. org〉）.

分行，这次袭击持续了好几天，造成至少 23 人死亡。极有可能是纪尧姆·索罗（Guillaume Soro）领导的叛军"新军（Forces Nouvelles）"组织了这些"抢劫"[1]。自 2002 年 9 月 19 日试图对总统洛朗·巴博发动政变以来，这些叛乱分子已经控制了科特迪瓦一半以上的领土。叛军在布莱斯·孔波雷领导下的布基纳法索拥有一个后方基地，他们还在布瓦凯设立了总部。他们通过此次行动获得了约 200 亿非洲法郎，合计超过 3000 万欧元。负责保护布瓦凯分行的法国士兵则趁机抢劫了 3800 万非洲法郎（约 57000 欧元）。叛军抢劫的一部分资金在塞内加尔和邻国布基纳法索完成了洗钱，这两个国家是"新军"和法国的"友邦"[2]。2004 年 8 月，科霍戈（Korhogo，位于科特迪瓦北部）分行也遭到抢劫。2004 年 9 月，十二名法国士兵还洗劫了本应由他们保护的曼镇（Man，位于科特迪瓦西部，在叛乱区范围内）分行。这些法国士兵被偷偷地遣返回了法国。2005 年，他们因盗窃和藏匿现金而被判处两个月至一年监禁，涉案总金额约 33.37 万欧元。不管是科特迪瓦，还是西非国家中央银行总部所在国塞内加尔，都没有对这些武装抢劫进行任何审判[3]。

---

[1] Francis KPATINDE，《BCEAO：les dessous d'un hold-up》，*Jeune Afrique*，20 novembre 2003.

[2] 《Des militaires pilleurs de banque》，RFI，21 septembre 2004.

[3] 《La justice militaire condamne douze soldats français pour des vols commis en Côte d'Ivoire》，*Le Monde*，22 juin 2005.

第六章

发展的障碍

　　法郎区给法国带来的好处往往是被低估的，而非洲国家从法郎区获得的好处则往往是被夸大的。在非洲法郎的支持者们看来，非洲法郎有利于法郎区成员国的经济发展，有助于推动"区域经济一体化"，并且为法郎区国家提供了可以提升其吸引力的"宏观经济稳定性"。法兰西银行在 2015 年对法郎区做出了如下的概括："四十多年来，法郎区一直是一个团结与发展的工具，旨在促进经济增长、减少贫困和深化区域一体化[①]。"然而，这正是我们应该解构的神话。

　　在这一章中，我们将看到，非洲法郎体系实际上给法郎区国家带来了四个不利条件：过于僵化的汇率机制、与欧元挂钩造成的问题、法郎区经济融资不足，以及资金自由转移原则导致大量资金外流。

[①] BANQUE DE FRANCE, «La zone franc», Note d'information, août 2015.

打破神话

　　非洲法郎是发展要素的神话。第一个广为流传的神话将非洲法郎塑造成一个为法郎区国家发展服务的工具。法兰西银行行长克里斯蒂安·努瓦耶(Christian Noyer)在 2012 年宣称："过去五十年的经历表明，法郎区是一个有利于发展的因素[①]。"科特迪瓦近些年的表现(在 2011 年至 2016 年期间，科特迪瓦人均实际 GDP 年均增长率为 6.4%)也许的确可以让我们这样认为。但是，在同一时期，赤道几内亚(－6.8%)、中非共和国(－6.6%)和乍得(－0.2%)等几个法郎区国家的经济发展状况则相当糟糕[②]。

　　为了准确了解情况，不被短期数据误导，我们选择关注人均实际 GDP 年均增长率的长期变化。自独立至今，甚至是自加入法郎区至今，法郎区国家的经济表现令人非常失望。如果一个国家的人均实际 GDP 年均增长率为 1%，那么这个国家的人均实际 GDP 每 70 年就会翻一番。在 1960 年至 2016 年期间，法郎区最大的几个经济体科特迪瓦(0.45%)、喀麦隆(0.8%)和塞内加尔(0.02%)的人均实际 GDP 年均增长率都未达到 1%。法郎区 15 个国家中只有 5 个国家的年均增长率超过了 1%：马里(1984 年至 2016 年期间为 2%)、布基纳法索(1.84%)以及三个石油出口国赤道几内亚(1985 年至 2016 年期间为 10.3%)、加蓬(1.41%)和刚果(布)

[①] Discours de clôture d'un colloque intitulé «Regards croisés sur 40 ans de zone franc»，5 octobre 2012.

[②] Les statistiques sur la croissance proviennent des indicateurs de développement de la Banque mondiale，consultés en mars 2018.

（1.21％）。

分析长期的数据后可以看出，虽然科特迪瓦近年来取得了显著的成绩，但是它 2016 年的人均实际 GDP——或者简称为"平均收入"——还不到 20 世纪 70 年代末的三分之二。近年来发展势头良好的塞内加尔也是如此：它如今的平均收入与 1960 年的相近。因此，这两个国家并不是在"追赶"所谓的新兴国家，而是在恢复以前的经济水平。更为普遍的是，有 10 个法郎区国家平均收入最高的年份在 21 世纪初之前。例如，加蓬的平均收入最高的年份为 1976 年，其平均收入将近 20000 美元。四十年后，加蓬的平均收入下降了一半。在过去的四十年中，几乎所有法郎区国家的平均购买力都出现了大幅下降。几内亚比绍是一个重要案例。它在 1997 年加入了西非经济货币联盟，而这一年正是几内亚比绍平均收入最高的年份。十九年后，它的平均收入下降了20％。

虽然非洲经济增长的数据存在一些局限性[1]，但是卫生和教育的相关指数可以证实法郎区的社会经济发展仍然落后：15 个非洲法郎区国家中有 12 个列属于"低人类发展水平国家"，也就是联合国开发计划署（Pnud，Programme des Nations unies pour le développement）设计的人类发展指数（IDH，Indice de développement humain）的最后一类。人类发展指数由人均国民总收入、预期寿命和受教育水平这三个指标构成。2015 年，人类发展指数排名的最后四位分别是布基纳法索（第 185 位）、乍得（第 186 位）、

---

[1] Morten JERVEN, *Poor Numbers：How we are Misled by African Development Statistics and What to do about it*，Cornell University Press，Ithaca et Londres，2013.

尼日尔（第 187 位）和中非共和国（第 188 位）[1]。

此外，法郎区内有十个国家被列入了联合国"最不发达国家"（PMA，pays les moins avancés）名单。通常情况下，人口少于七千五百万、人均国民收入水平低、人类发展水平低且经济脆弱程度高的国家会被列入最不发达国家名单。全球总共有 47 个国家被确定为最不发达国家，其中有 33 个位于撒哈拉以南非洲。自 1971 年这一国家类别创立起，法郎区内的贝宁、布基纳法索、马里、尼日尔和乍得就被确定为最不发达国家。后来，中非共和国（1975）、科摩罗（1977）、几内亚比绍（1981）、多哥（1982）和赤道几内亚（1982）也加入到了它们的行列。2000 年，塞内加尔也被列为最不发达国家[2]。所有这些国家如今仍然是最不发达国家，这一事实证明了这些国家在经济发展方面没有取得重大进展。自 2017 年 6 月起，赤道几内亚不再是最不发达国家，但这仅仅是因为其人均收入水平较高[3]。因此，一些研究者将非洲法郎称为"最不发达国家的货币"（monnaie des PMA）是有道理的[4]。

显然，非洲法郎并不是这些国家不发达的唯一原因，其他非洲

---

[1] PROGRAMME DES NATIONS UNIES POUR LE DÉVELOPPEMENT，«Rapport sur le Développement Humain 2016. Le développement humain pour tous »，〈www. undp. org〉，2016.

[2] UNITED NATIONS COMMITTEE FOR DEVELOPMENT POLICY，DEVELOPMENT POLICY AND ANALYSIS DIVISION，DEPARTMENT OF ECONOMIC AND SOCIAL AFFAIRS，«List of Least Developed Countries (as of March 2018)»，〈www. un. org〉.

[3] UNITED NATIONS CONFERENCE ON TRADE AND DEVELOPMENT (UNCTAD-CNUCED) « The Least Developed Co untries Report 2017. Transformational energy access»，〈http://unctad. org〉，2017.

[4] Yacouba FASSASSI，*Le Franc CFA ou la monnaie des pays PMA*，L'Harmattan，Paris，2013；Séraphin P. YAO，*Le Franc CFA：instrument de sous-développement*，L'Harmattan，Paris，2012.

国家也不一定能"做得更好"。但毫无疑问的是,非洲法郎对经济增长和发展"有利"的说法是错误的。

"一体化"的神话。我们现在来研究一下非洲法郎支持者们经常强调的另一个观点。这个观点认为非洲法郎可以"深化区域一体化":非洲法郎有助于拉近法郎区非洲国家之间的距离,有助于形成一个贸易没有阻碍且持续增长的经济区。

这些非洲国家的对外贸易的确经历了一些变化:在 1960 年至 2000 年期间,它们的外贸逐渐"欧洲化",法国所占比重逐渐下降,而法国的欧洲邻国所占比重则逐渐上升。而从 2000 年开始,它们的外贸逐渐转向中国和非洲大陆。但是,这些变化并没有改变殖民时期遗留下来的纵向一体化经济模式。在非洲法郎创立七十多年之后,这些非洲国家仍然是原材料的生产者,它们与欧洲的贸易比它们之间的贸易更多。用 60 年前的术语来说,法郎区仍旧是一个"初级协会",也就是说,这个区域聚集了"多个围绕同一发达国家的不发达国家"[①]。

在独立后的前 20 年,非洲国家确实开始了工业化进程。但是,由于种种原因,这种工业化进程并没有持续多久,20 世纪 80、90 年代的结构调整计划推翻了这一切。法郎区非洲国家的产品具有同质性而非互补性,因此,这些国家与法国和欧洲的联系更为紧密。尽管现有统计数据存在某些局限性[②],但这些数据表明,法郎区非洲国家之间的贸易相当少:法郎区区域内贸易额占其成员国

① A. GARCIA., «Situation de la zone franc», L'information géographique, vol. 25, n° 1, 1961, pp. 23 – 30.

② Cristina MITARITONNA et Fousseini TRAORÉ, « Existing Data to Measure African Trade», IFPRI Discussion Paper 01618, mars 2017.

总贸易额的比重不到 10％[1]。在中非法郎区，2016 年区域内贸易额占总贸易额的比重不到 4％[2]。2016 年，西非法郎区国家与欧盟的贸易额（32.8％）是其成员国之间的两倍（15.2％）[3]。西非法郎区贸易一体化程度更高，这是因为其生产结构比中非法郎区更为多样化，而中非法郎区除了中非共和国其他成员国均为产油国。

此外，应该着重指出的是，法国一直在西部非洲推动区域一体化（20 世纪 60 年代的西非货币联盟、70 年代的西非经济共同体，以及 90 年代的西非经济货币联盟）来巩固对其前殖民地的控制。为了对抗尼日利亚希望通过西非国家经济共同体（CEDEAO，Communauté économique des États de l'Afrique de l'Ouest）来试行区域一体化的意愿，法国在 1973 年推动成立了西非经济共同体。西非国家经济共同体成立于 1975 年，包含 15 个国家，总部设在阿布贾。1994 年，尼日利亚官方曾一度认为非洲法郎贬值是法国对非洲失去兴趣的信号，法国更关注欧盟框架内的一体化。但是，在看到西非经济货币联盟于 1994 年成立后，尼日利亚官方很快改变了主意，在他们看来，这一联盟是区域一体化的又一个阻力[4]。作为"非洲的"区域大国，法国经常出席非洲大陆重要的政治会议。2014 年，非盟在阿布贾召开非洲财长会议，法国是唯一受邀

---

[1] COMMISSION DE L'UNION AFRICAINE ET COMMISSION ÉCONOMIQUE POUR L'AFRIQUE. « Annuaire Statistique pour l'Afrique », Groupe Banque Africaine de Développement，2016，p. 68.

[2] Selon les statistiques en ligne de la CNUCED sur le commerce intrarégional.

[3] BCEAO, *Rapport sur le commerce extérieur de l'UEMOA* 2015，〈www. bceao. int〉，p. 37.

[4] Adebayo OLUKOSHI, «The devaluation revisited»，*loc. cit.*

参会的欧洲国家。根据经济学家萨努·姆巴耶（Sanou Mbaye）的说法，尼日利亚学术界认为："西非经济共同体内部并存着两个大国：尼日利亚和法国①。"因此，四十多年来，西非法郎区国家在法国和西非经济共同体之间②、在新殖民主义一体化和渴望突破殖民划界的区域一体化之间左右为难。

法郎区吸引力的神话。非洲法郎支持者们认为，法郎区提供了一种"稳定的宏观经济"环境，这种稳定性主要表现为固定汇率、低通胀和相对严格的预算。在他们看来，这有利于吸引大量外国投资。和前面几个说法一样，这也是一个神话。联合国贸易和发展会议（Cnuced，Conférence des Nations unies sur le commerce et le développement）关于外国直接投资（IDE，investissements directs étrangers）的统计数据证实了这一点。这些数据显示，非洲的外国直接投资主要流向了非洲的经济大国以及那些拥有石油或者矿产资源的国家。2016 年，南非、埃及、尼日利亚、摩洛哥和安哥拉获得了非洲一半以上的外国直接投资存量。中非法郎区在 2016 年仅仅获得了 7.1％的外国直接投资存量，而西非法郎区则为 3％。在吸引外国直接投资方面，法郎区只有三个国家进入了非洲前 20 名：刚果（布）（第 10 名）、赤道几内亚（第 17 名）和科特迪瓦（第 20 名）。虽然加纳的货币赛地（cedi）被认为不如非洲法郎稳定，但是加纳获得的外国直接投资存量却大于西非法郎区国家的总和。更令人震惊的是，就外国直接投资流入存量而言，刚果（布）是法郎

---

① Sanou MBAYE，«L'Afrique francophone piégée par sa monnaie unique»，_Le Monde diplomatique_，novembre，2014.

② Abdourahmane IDRISSA，«Divided commitments：UEMOA，the franc zone and Ecowas»，Global Economic Governance Programme Working Paper 77，mai 2013.

区唯一一个比刚果（金）"更具吸引力"的国家。所有的这些清楚地表明，外国投资者并没有被非洲法郎支持者们所说的优势所吸引，而是基于其他方面的考虑。颇为讽刺的是，法郎区并不是法国在非洲直接投资的第一目的地。2012 年，法国在非洲的外国直接投资接近 580 亿美元（占法国外国直接投资总存量的 3.7％），其中 60％投向了法郎区以外的四个国家：摩洛哥、安哥拉、尼日利亚和埃及。

我们注意到，自非洲独立以来，法郎区没有吸引到任何一个非洲大国。法郎区的吸引力可以概括为马里（1984 年）的重新加入以及前西班牙殖民地赤道几内亚（1985 年）和前葡萄牙殖民地几内亚比绍（1997 年）的加入。

与其他非洲国家相比，法郎区非洲国家没有获得真正的发展，没有有效的经济一体化，没有更多的外国直接投资：显然，非洲法郎支持者提出的观点是站不住脚的。

四个主要障碍

法郎区国家的社会经济发展之所以表现不佳，很大程度上是因为非洲法郎体系强加的四个障碍：过于僵化的汇率机制、与欧元挂钩带来的问题、经济融资不足以及资金自由转移原则导致大量资金外流。

过于僵化的汇率机制。非洲法郎的汇率机制构成了第一个障碍。经济学家杰弗里·弗兰克尔（Jeffrey Frankel）认为："没有任何一种汇率制度在任何时候、任何地方都是最优的[1]。"非洲法郎的固定不变——它著名的"稳定性"——无疑是这一观点最有说服力的例证。自 1948 年以来,非洲法郎与锚定货币(先是法国法郎,然后是欧元)的汇率仅在 1994 年非洲法郎贬值时变动过一次。因此,非洲法郎被归类为,用杰弗里·弗兰克尔的说法就是,"真正固定的"汇率机制。也就是说,汇率机制非常严格,相对于锚定货币的汇率实际上就是固定的、无法修改的。

　　非洲法郎的支持者认为,固定汇率机制可以引进"信誉"来有效地对抗通货膨胀,也就是阻止物价持续上涨,并且还有利于贸易往来。这并非没有道理。但是,这一体系的经济成本常常被忽略。我们通常认为,固定汇率机制可以带来较低的通胀率。相反,浮动汇率制度则会引发较高的通货膨胀,但可以让经济活动更为稳定:它具有缓冲功能,可以对经济冲击做出反应,显著降低生产和就业的波动[2]。固定汇率机制则无法做到这些。如果想要优先考虑稳定生产和就业的话,那么应该选择浮动汇率机制。相反,如果想要优先考虑平衡国际收支(我们也称之为外部平衡)的话,那么应该选择固定汇率机制。对法郎区国家而言不幸的是,它们将外部平衡视为优先事项,而外部平衡对它们来说只不过是为了不惜一切代价地维持固定汇率。例如,法郎区的中央银行并不关心如何提高法郎区成员国经济体的价格竞争力。这样带来的后果是:自独立以来,西非法郎区除了科特迪瓦以外的所有国家,都处于长期结

---

[1] Jeffrey A. FRANKEL, «No single currency regime is right for all countries or at all times», Working Paper 7338, National Bureau of Economic Research, Cambridge, Massachusetts, 1999.

[2] Sebastian EDWARDS et Eduardo L. YEYATI, «Flexible exchange rates as shock absorbers», *European Economic Review*, vol. 49, n° 8, 2005, pp. 2079 - 2105.

构性贸易赤字的状态。

此外，国际货币基金组织的数据表明，固定汇率对这些非洲国家而言并不一定是一个正确的选择：这些数据显示，自 2000 年以来，在撒哈拉以南非洲国家中，采用固定汇率的国家的经济增长率比采用浮动汇率的低 1—2 个百分点。国际货币基金组织指出，这主要是因为"法郎区成员国经济增长疲软"[①]。

我们还要强调的是，西非经济货币联盟和中非经济货币共同体是世界上唯一由正式的主权国家组成的货币联盟。这两个货币联盟的汇率是固定的，而且是相同的。因为东加勒比元（dollar est-caraïbéen）与美元挂钩，所以可能有人会试着将这两个法郎区同东加勒比货币联盟（Union monétaire des Caraïbes orientales）进行比较。但是，与非洲法郎体系相比，东加勒比货币联盟有一个重大的不同：美国没有正式介入这个小岛国联盟的货币管理[②]。西非法郎区和中非法郎区这两个主要由贫穷国家组成的货币联盟依赖于另一个货币联盟——由富裕国家组成的欧元区，而富裕国家和贫穷国家的优先事项和需求是完全不同的。因此，这种依赖是要付出一定代价的。诺贝尔经济学奖获得者罗伯特·蒙代尔（Robert Mundell）指出："如果一个小国单方面将其货币与一个更大的邻国挂钩，那么它实际上是将经济政策方面的主权转让给了这个更大的邻国。这个小国失去了主权，因为它不再能控制自己货币的命运。更大的国家获得了主权，因为它管理了一个更大的货币区，并

---

① IMF, « Regional economic outlook. Sub-Saharan Africa. Multispeed growth »,〈www.imf.org〉, 2016, p. 38（notre traduction）.

② James M. BOUGHTON, « The CFA Franc Zone. Currency union and monetary standard », Working Paper 91/133, IMF, 1991, p. 5；Romain VEYRUNE, « Fixed exchange rate... », loc. cit.

且在国际货币体系中获得了更大的'影响力'①。"就法郎区而言,这意味着尼日尔和中非共和国等世界上最贫穷的国家接受了基于法国和欧元区经济形势制定的货币政策。这也意味着 15 个法郎区成员国的中央银行无法单独使用汇率来缓和冲击。不过,非洲有很多类型的冲击:涉及政治领域(政变、战争、社会紧张局势等)、气候领域(降雨、干旱、洪水等)和经济领域(原材料价格波动、外债利率变化、资本流动等)。因此,在没有预算转拨的情况下,为了应对不利的冲击,法郎区国家只有一种解决方案——"内部贬值"。也就是说,通过降低工资和公共开支、提高税收并且最终减少经济活动来调整内部物价②。

货币挂钩造成的问题。即使法郎区选择固定汇率是正确的,和欧元挂钩也带来了诸多问题,这是法郎区面临的第二个障碍。

首先,存在的第一个问题是欧元外部价值变化的影响。在法郎区国家,欧元升值,也就是欧元外部价值的增加,会导致其制成品价格的国际竞争力下降,还会导致其以美元计价的收入可兑换的非洲法郎减少。同时,欧元升值可以让它们的进口变得更为便宜,还可以减轻以美元计价的债务负担。因此,欧元升值不利于出口,但有利于进口,从而加剧了贸易不平衡。然而,自欧元创建以来,欧元对美元经常升值,从而导致了非洲法郎对美元升值:根据欧洲央行的数据,在 2000 年 10 月至 2008 年 7 月中旬期间,欧元对

---

① Robert A. MUNDELL, «Money and the Sovereignty of the State», Paper prepared for the International Economic Association Conference in Trento, 4 – 7 septembre 1997 (notre traduction).

② Yves-Emmanuel BARA et Sophie PITON, «Peut-on dévaluer sans dévaluer?», *La lettre du CEPII* n°324, 1ᵉʳ août 2012.

美元累计升值了近 94%。

　　为了充分理解非洲法郎与欧元挂钩造成的问题，我们可以参考一下欧洲和法国关于欧元的辩论。近二十年来，法国政界和资方一直在批评欧元的价值。2006 年，总统候选人尼古拉·萨科齐对"强势的欧元"进行了抨击，他宣称："欧元对美元估值过高是一个严重的经济错误……如果继续这样下去，我们将无法继续在欧洲制造空中客车（Airbus），因为美元将会变得非常便宜，以至于我们会到美国去制造空中客车。"他还补充说："世界上每个国家的货币都是服务于经济增长和就业的经济政策工具[①]。"在 2008 年 3 月的一次采访中，空客集团总裁路易·加卢瓦（Louis Gallois）也对欧洲央行的货币政策提出了质疑："欧元现行的汇率降低了欧洲企业的出口利润，正在摧毁大部分欧洲工业[②]。"在 2011 年访问空中客车公司期间，已经成为总统的尼古拉·萨科齐认为，1 欧元可以兑换 1.3 美元这一汇率仍然"太"高[③]。他的继任者弗朗索瓦·奥朗德（François Hollande）也持有相同的观点。2013 年 2 月，奥朗德敦促其他欧洲领导人"着眼于中长期发展，考虑一个更加实际、与现有经济水平更为契合的汇率[④]"。因此，他与法国资方的诉求形成了呼应，法国雇主协会（Medef，Mouvement des entreprises de France）时任副主席杰弗瓦·鲁·德·贝齐悠（Geoffroy Roux de Bézieux）宣称："一个亲欧派也可以说欧元汇率过高对出口来说是

① «Nicolas Sarkozy s'en prend au dogme de l'euro fort», *Le Monde*, 18 décembre 2006.
② «Louis Gallois: l'euro "asphyxie" l'industrie européenne», *L'Observateur*, 27 mars 2008.
③ «L'euro reste "trop fort"», *Le Figaro*, 13 novembre 2011.
④ «Euro fort: ce qu'a vraiment dit François Hollande», *La Tribune*, 6 février 2013.

一个障碍。①”

这些批评和抱怨合理吗？德意志银行（Deutsche Bank）2014年的一项研究设定了一个汇率上限——1欧元兑换1.24美元——汇率超过这一上限则不利于法国的经济。而对意大利来说，这一“痛苦的极限”被设定为1欧元兑换1.17美元。然而，德国经济的似乎可以支撑1欧元兑换1.79美元的汇率②。2017年，国际货币基金组织认为欧元在德国被低估了11%至16%，而在法国则被高估了8%至14%③。路易·加卢瓦的报告概括了这一切：“简单地说，欧元的强势会让强者更强，弱者更弱④。”无论如何，法国企业家们宣称，他们的处境与生产“高端产品”的德国同行不同，因为他们经营的是“中端产品”市场，所以他们“暴露在价格竞争之下⑤”。因此，欧元升值迫使法国公司降低了它们的利润：1欧元可以兑换的美元每增加10美分，法国上市企业的经营利润就会下降7%⑥。

如果欧元是一种让法国感到窒息的货币，那么这对法郎区非洲国家来说又意味着什么呢？如果制造尖端产品且仅有一个真正竞争对手（波音）的空客公司都在抱怨欧元昂贵的话，那么非洲中小企业在国际市场竞争更为激烈的行业中就更没有任何生存的机会。例如，纺织业，非洲中小企业在这一行业中扮演了分包

---

① «Les propositions tous azimuts du Medef pour créer un million d'emplois», *Le Figaro*, 24 septembre 2014.

② «Qui a peur de l'euro fort?», *Le Monde*, 30 octobre 2013.

③ «2017 External Sector Report, Individual Economy Assessments», 〈www. imf. org〉, 27 juillet 2017, pp. 18 – 20.

④ Louis GALLOIS, *Pacte pour la compétitivité de l'industrie française. Rapport au Premier ministre*, La Documentation française, Paris, 2012, p. 50.

⑤ *Ibid*.

⑥ «Cinq vérités sur l'euro fort», *Challenges*, 22 mai 2014.

商的角色。但是，对于使用非洲法郎的国家而言更糟的是：欧元上涨和初级产品价格下跌同时发生。这种情况威胁着许多经济部门。

我们以强势欧元的受害者——棉花为例，棉花是布基纳法索、马里和贝宁等几个西非国家的主要出口产品之一[①]。在布基纳法索，棉花产量在 1994 年至 2006 年期间增长了 5 倍，然而在 2004 年至 2007 年期间，欧元在棉花价格下跌的背景下强势升值带来了灾难性后果。当汇率为 1 欧元兑换 1.2 美元时，布基纳法索的商业公司和农民可以收回成本。但是，因为这一时期的汇率为 1 欧元兑换 1.3 美元，所以他们遭受了严重损失[②]。

对面向当地消费的食品来说，欧元的升值也是一个不利因素：欧元的升值导致本地产品的价格比进口产品更贵，从而阻碍了本地产品的生产。正如经济学家马马杜·恩东（Mamadou Ndong）所解释的那样，塞内加尔稻米业出现了这一问题："在 2000 年至 2009 年期间，欧元对美元升值了 50%，这导致本地大米比以美元计价的

---

① 美元仍然是国际贸易的主要货币，初级产品的国际价格通常以美元计价。棉花的情况也是如此。然而，棉花的美元价格以及欧元兑换美元的汇率经常发生变动。因此，法郎区的棉花生产者们可能遭受双重损失：当棉花的美元价格下降和欧元相对于美元升值的时候，他们都会遭受损失。我们举一个例子来说明为什么欧元升值会导致美元可兑换的非洲法郎减少。假设 1 欧元可以兑换 1 美元：在这一汇率基础上，10 美元可以兑换 6559.57 非洲法郎（因为 1 美元 = 1 欧元 = 655.957 非洲法郎）。假设现在欧元升值，1 欧元可以兑换 2 美元：这就导致美元和非洲法郎的汇率变为：1 美元 = 327.98 非洲法郎。因此，10 美元可以兑换 3279.8 非洲法郎，也就是美元可以兑换的非洲法郎减少了一半，这反映了欧元和美元之间的汇率变化。

② François-Xavier BELLOCQ et Arthur SILVE, «La crise de la filière coton: conséquences économiques et financières au Burkina Faso», document de travail, Agence Française de Développement, septembre 2007. Kako NUBUKPO, *L'Improvisation économique en Afrique de l'Ouest. Du coton au franc CFA*, Karthala, Paris, 2011.

泰国大米贵了 50％。价格冲击对本地稻米的竞争力来说是一个沉重的打击,这几乎是无法克服的,这可能会破坏塞内加尔稻米业发展的所有努力。除此之外,粮食自给的目标也面临着严峻的考验。更为普遍的是,一个'强势的'欧元给所有可能替代进口产品的本土产品以及面向出口的本土产品造成了损失[①]。"

面对关于非洲法郎汇率的批评,政治和货币当局通常使用"两个没有"的言论来进行回应:非洲法郎既没有被高估,也没有被低估。每个国家和地区的情况当然是有所不同的。西非国家中央银行自己也承认,在 20 世纪 60 年代末至 1994 年期间,所有西非法郎区国家的汇率都被不同程度地高估了。西非国家中央银行认为,这种情况"严重破坏了该地区的竞争力,因为生产成本居高不下[②]"。包括中国和德国等大国在内的大多数国家都试图拥有一种被低估的货币,从而变得更具竞争力。因此,这种货币政策来自于穷国的央行显得尤为令人震惊。正如我们之前强调的那样,强势货币对出口来说就像一种税收,因为它让出口商品变得更为昂贵;对进口来说就像一种补贴,因为它让进口商品变得更为便宜。

当各国实行贸易自由政策后,也就是逐步放弃它们的贸易和工业政策工具(取消关税和非关税壁垒,取消对暴露在国际竞争之下的行业的支持措施),非洲法郎外部价值的问题变得更为关键。此外,自 21 世纪初以来,欧盟一直试图引导非洲国家实行贸

---

① Mamadou NDONG, «Note sur la crise de l'euro et le franc CFA», *Note de veille*, Centre d'études de politiques pour le développement (CEPOD), 〈www. cepod. gouv. sn〉, [sd].

② BCEAO. *Histoire de l'Union monétaire ouest-africaine*, tome 3, *op. cit.*, p. 47.

易自由政策：欧盟竭力推动非洲国家签署被称为《经济伙伴协议》(APE，Accords de partenariat économique)的自由贸易协议，这项协议旨在为欧洲产品消除关税壁垒①。到目前为止，欧盟已经成功促使一些非洲国家签署并批准了这一协议。对法郎区非洲国家来说，这些《经济伙伴协议》将会带来双重打击：强势货币非洲法郎以及取消关税和制度保护带来的国际竞争都会给它们的产品造成损失。这可以让这些国家继续深陷资源陷阱之中。

与欧元挂钩还带来了另一个限制：为了能够维系与欧元的汇率，法郎区国家必须模仿欧元区的运作方式。因此，它们必须集体遵守严格的宏观经济规定，就像欧盟条约对欧元区成员国所要求的那样。这一规定迫使它们的中央银行追求接近于欧元区的通胀率或者保证通胀率在任何情况下都低于3％。在1960年至1986年期间，得益于法国法郎对美元的周期性贬值和有利的初级产品行情，一些法郎区非洲国家的经济快速发展。但是，即使是在这一时期，法郎区国家还是维持着与其发展水平不符的低通胀率②。如果这些非洲国家实行更加宽松的货币政策（更多的信贷和更灵活的汇率），那么它们可能会实现更高的经济增长率。缺乏汇率的调节似乎是"一件麻烦事③"，固定汇率的成本超过了收益。维持低通胀的政策实际上抑制了法郎区国家的经济增长潜力。1999年，非

① Jacques BERTHELOT, *Vous avez dit libre-échange?*, L'Accord de *«Partenariat»* *économique Union européenne-Afrique de l'Ouest*, L'Harmattan, Paris, 2018.
② Shantayanan DEVARAJAN et Dani RODRIK, «Do the benefits of fixed exchange rate outweigh their costs? The Franc Zone in Africa», National Bureau of Economic Research, October, Massachusetts, Cambridge, 1991.
③ *Ibid.*

洲法郎与欧元挂钩,但这种情况并没有得到改善。自 1999 年以来,法郎区非洲国家的人均收入年增长率为 1.4%,而整个撒哈拉以南非洲地区则为 2.5%①。

"货币压迫"导致经济体融资不足。我们来看一下第三个障碍:经济体融资不足。如前所述,法郎区中央银行的首要任务是确保有足够的外汇储备来维系非洲法郎和欧元的汇率。因此,它们必须限制货币的创造,也就是限制授予政府、企业和家庭的国内信贷。如果外汇储备下降,它们必须通过提高基准利率和降低再融资上限来收紧信贷政策。因此,西非国家中央银行在 1975 年建立了一个"根据外汇目标来决定成员国配额"的"货币计划"机制。中部非洲国家银行在 20 世纪 90 年代初也建立了同样的机制②。但是,这一计划并非一直有效,或者更确切地说,这两家央行倾向于单方面主导这一计划:自 1994 年以来,货币发行率已经接近或超过了 100%,远远超过了交易账户协议规定的 20%。此外,这两家央行热衷于将过多的外汇储备存放在交易账户中。之所以有如此高的外汇储备水平,是因为授予国家、企业和家庭的国内信贷增长缓慢。这两家央行担心宽松的信贷政策会引发通货膨胀,加剧进出口不平衡。因为这可能会耗尽它们的外汇储备,从而导致它们难以维持和欧元的汇率,难以保持交易账户处于盈余的状态。因此,西非法郎区自 2005 年起取消了授予国家的贷款(我们不讨论货币融资),而中非法郎区则对授予国家的贷款进行了限制。央行的保守政策导致法郎区国家以高于两家央行的利率向商业银行借

---

① «Francophone Africa's CFA is under fire», *The Economist*, 27 janvier 2018.

② Jean-Marie PARMENTIER et R. TENCONI, *Zone franc en Afrique...*, *op. cit.*, p. 111.

款,同时还背负了高昂的外币债务①。

商业银行特殊的运作机制也带来了一些限制。随着时间的推移,这些商业银行的经营环境发生了变化,主要表现为摩洛哥和"泛非"金融机构的竞争导致法国银行市场份额下降——2014 年,法国银行在西非法郎区和中非法郎区的市场份额分别为 14％和 21％,而十年前则为 30％和 50％②。尽管存在这种多样化,但信贷市场仍处于边缘整合——国内银行体系仍然是割裂的——大型外国集团分支机构占据支配地位仍然是常态③。与殖民时期一样,这些银行对发展融资几乎没有贡献。2016 年,西非法郎区信贷占 GDP 的平均比例为 22.9％,中非法郎区则为 16.5％④。摩洛哥的比例上升到了 115％,撒哈拉以南非洲的平均比例上升到了 80％:加纳为 32％,尼日利亚为 35％,南非为 187％⑤。此外,法郎区的数据掩盖了其成员国之间的巨大差距:2016 年,最富裕的科特迪瓦和塞内加尔获得了西非法郎区近一半的银行贷款,而中非法郎区内经济体量最大的喀麦隆和加蓬则获得了大约 57.1％的信贷。显然,最穷的国家很难获得信贷。以下事实证明了这一点:2016 年,拥有 180 万人口的几内亚比绍获得的银行信贷总额为 6360 亿非洲法郎,这仅仅相当于西非国家中央银行发放给 3505 名员工的金额

---

① Françoise MAGNAN-MARIONNET，«Les émissions de titres de dette souveraine en zone franc: évolutions, enjeux et principaux défls en UEMOA et dans la CEMAC»，*Techniques financières et développement*，vol. 123, n° 2,2016, pp. 39 – 50.

② Samuel DIOP，«L'évolution du système bancaire en zone franc»，*loc. cit.*，pp. 59 – 69.

③ BANQUE DE FRANCE，«Rapport annuel de la zone franc 2016»，p. 97.

④ Voir les statistiques en ligne de la Banque de France sur la zone franc.

⑤ Samuel DIOP，«L'évolution du système bancaire en zone franc»，*loc, cit.*

（5220 亿非洲法郎）[①]。

银行贷款（主要是短期和中期贷款）主要提供给了服务业，并且这些银行贷款非常昂贵。然而，与大多数非洲国家的贷款利率相比，这些贷款的名义利率仍然是相对较低的[②]，这是因为法郎区的通胀率较低。但是，法郎区的净利差，也就是银行的贷款利率与再融资利率之间的差额，是世界上最高的，法兰西银行关于西非法郎区的报告证实了这一点："银行与客户交易时的净利差来自于是贷款收益与支付给储户的平均成本之间的差额。2008 年，西非法郎区的净利差接近 9 个百分点，而非洲的平均净利差为 8 个百分点，世界范围内的净利差为 5 个百分点。尼日利亚、南非、摩洛哥和法国的银行的净利差则小于 4 个百分点[③]。"

在银行流动性过剩的背景下，也就是在商业银行存放在央行的准备金超过了必要准备金的情况下，法郎区经济体融资不足就更加显得反常[④]。这不仅意味着没有货币创造，还意味着没有动用可用的储蓄来为经济体获得贷款提供便利。这就是约瑟夫·春迪昂·普埃米谴责的"货币压迫"的一个例子。这解释了为什么货币贬值和贸易自由化的经济影响常常令人失望：生产部门受限于无法获得信贷。这种情况推动了小额信贷机构的发展，这些机构借

[①] BCEAO, *Rapport annuel 2016*, *op. cit.*, p. 56；BCEAO, «États financiers de la BCEAO au 31 décembre 2016», février 2017, p. 49.

[②] IMF, *Yearbook* 2017. *International Financial Statistics*, vol LXX, ⟨www. imf. org⟩, 2017.

[③] BANQUE DE FRANCE, *Rapport annuel de la zone franc*, 2009, p. 82.

[④] Soumaila DOUMBIA, «Surliquidité bancaire et sous-financement de l'économie. Une analyse du paradoxe de l'UEMOA», *Revue Tiers Monde*, n° 205, 2011, pp. 151 - 170.

机收取比商业银行更高的利率[1]。我们注意到，2011 年，法郎区的银行建户率——也就是 15 岁以上人口在正规金融机构拥有银行账户的比率——处于世界最低水平，平均比率不到 10％，而撒哈拉以南非洲的平均比率为 24％[2]。

为了避免风险，商业银行经常以担保不足为由拒绝信贷申请人。实际上，法郎区银行体系的寡头垄断性质可以让它们获得可观的利润，而不必过于关心经济体的融资问题。它们宁愿用可以让它们收益丰厚的高利率进行少量放贷——这些贷款主要放给了大型企业——也不愿意以更为合理的利率进行大量放贷。这就是所谓的"高利润"策略[3]。因为它们仅向家庭和企业发放很少的贷款，所以不得不通过购买公共债券来缓解银行流动性过剩的情况。因此，它们一半的资金用于为经济体提供融资服务，另一半资金则存放在央行以及用于购买主权债券[4]。这种经济体融资不足的情况显然不利于经济增长。西尔维娅娜·吉尧蒙·让纳内（Sylviane Guillaumont Jeanneney）等支持非洲法郎的经济学家也承认："西非法郎区经济增长缓慢的部分原因在于投资率低于非洲其他地区。这种低投资率不仅导致商业银行的流动性长期过剩，还导致西非央行自 1994 年非洲法郎贬值以来一直持有大量外汇储备。

---

[1] Famara Ibrahima CISSE, «Les banques commerçiales au Sénégal: institutions de développement ou agents de prédation?», *in* Demba Moussa DEMBELE, Henriette FAYE et Ndongo Samba SYLLA (dir.), *Déconstruire le discours néolibéral*, *Volumes* 3&4 *des «samedis de l'économie»*, ARCADE, Dakar, 2017.

[2] Samuel GUERINEAU et Luc JACOLIN, «L'inclusion financière en Afrique subsaharienne: faits stylisés et déterminants», *Revue d'économie financière*, vol. 4, n° 116, 2014, pp. 57 - 80.

[3] Samuel DIOP, «L'évolution du système bancaire en zone franc», *loc. cit.*

[4] *Ibid.*

而投资率低的部分原因则在于基础设施、教育、卫生领域的公共投资率低①。"

非洲法郎体系的批评者、塞内加尔经济学家登巴·穆萨·登贝莱的批评则更为严厉。他解释说,由于固定汇率和西非央行的保守政策,"我们必须服从欧洲央行的命令,欧洲央行的重心在于财政纪律和抗击通胀,而我们不发达国家应该优先考虑是就业、对生产能力的投资,以及基础设施的建设。这意味着私营部门和公共部门都需要更多的信贷②"。多哥经济学家卡科·努布波(Kako Nubukpo)也持有相同的观点:"没有信贷就无法发展,而且更高的通胀可以刺激投资。需要大量融资的发展与非洲法郎体系是相互矛盾的。我们的货币政策没有考虑经济增长的目标。③"

一种对外输送资源的机制。资金自由转移原则是法郎区机制的一个组成部分,即使这一原则并没有被完全执行,但仍然是阻碍法郎区成员国经济发展的第四个障碍。我们确实可以在法郎区非洲国家签署的大多数双边投资协议中找到这样的条款,这些非洲国家认为这一机制可以吸引大量外国直接投资④。然而,这一原则极大地阻碍相关国家的经济发展,在大多数情况下会造成资金流失,这也让人联想到了贸易经济。当关键经济部门受控于外国资

---

① Sylviane GUILLAUMONT JEANNENEY, «L'indépendance de la Banque centrale des États de l'Afrique de l'Ouest: une réforme souhaitable?», *Revue d'économie du développement*, vol. 14, n° 1, p. 45 - 77; pp. 29 - 30.

② «En Afrique, l'euro perpétue le colonialisme», *L'Humanité*, 2 novembre 2010.

③ Fanny PIGEAUD, «Le franc CFA (1/3): une monnaie nocive pour les États africains», *Mediapart*, 7 août 2016.

④ UNITED NATIONS ECONOMIC COMMISSION FOR ÁFRICA, «Investment policies and bilateral investment treaties in Africa. Implications for regional integration», 2016.

本时（法郎区大多数国家就是这种情况），资金自由转移原则就转变成了一种将资源从非洲转移到世界其他国家的机制、一种掠夺许可。这种现象在自然资源丰富的国家尤其明显：科特迪瓦、喀麦隆、刚果（布）、加蓬和赤道几内亚。

如果我们想要了解法郎区的资源净转移，就必须研究相关国家的收入结余或者支付给世界其他国家的收入净支出。收入结余就是从国外获得的收入与流向国外的收入之间的差额。这些"收入"包括汇回的利润和股息、债务利息和非居民劳动者的报酬。我们在分析这些数据后发现，在收入净支出（支付给世界其他国家）方面，产油大国赤道几内亚和刚果（布）位居非洲前列。在 2000 年至 2009 年期间，收入净支出占赤道几内亚 GDP 的年均比例约为 -43%，占刚果（布）GDP 的年均比例约为 -30%。显而易见的是：跨国石油开采公司从赤道几内亚带走的利润几乎占了赤道几内亚 GDP 的一半。就刚果（布）而言，收入净支出（主要由汇回的利润和债务利息构成）几乎占其 GDP 的三分之一（-30%）。这两个惊人的比例在 2010 年至 2016 年期间有所下降，分别降至 -34.1% 和 -17%，但仍远高于在大多数非洲国家观察到的水平。加蓬、喀麦隆和科特迪瓦也有大量的收入净支出，加蓬从 1970 年至今的年均比例在 -7.4% 至 -12.6% 之间，喀麦隆在 1970 年至 2000 年期间的年均比例在 -5% 至 -11.6% 之间，科特迪瓦在 1980 年至 2010 年期间的年均比例在 -7.8% 至 -9.4% 之间。这些数据让我们明白，法郎区的经济增长更多的是由跨国公司在当地的经营活动所推动的，而不是本地生产能力的增长所推动的。这些数据还证明了外资作为融资来源的重要性。

和其他非洲国家一样，法郎区国家也是"资本外逃"的受害者：这里指的是"非法获得的"和/或"非法流往国外的"资金①。尤其是在跨国公司的操作之下,这些资本通过各种方式外流:开假发票、操纵"内部调拨价格"(也就是相关跨国公司不同实体之间的交易价格)等。

外债也是资本外逃的推动因素之一。经济学家莱昂斯·恩迪库马纳(Léonce Ndikumana)和詹姆斯·博伊斯(James Boyce)分析了 33 个样本国(包括 7 个法郎区国家)在 1970 年至 2008 年期间资本外逃的规模,他们认为外债是一种有利于资本外逃,并且让非洲变得贫困的机制。根据他们的计算,每借 1 美元,就有 60 美分在同一年以资本外逃的形式流出。此外,提供给非洲的外国借款每增加 1 美元,就有 2 至 17 美分存入外国银行②。在 1970 至 2008 年期间,科特迪瓦的资本外逃金额(包括可能产生的利息)约为 662 亿美元(以 2008 年的美元计算)。科特迪瓦深受资本外逃的影响,在非洲仅次于尼日利亚和安哥拉。在法郎区内部,喀麦隆(332 亿美元,第 7 位)、刚果(布)(269 亿美元,第 9 位)和加蓬(218 亿美元,第 12 位)紧随其后。如果我们将这些数据与每个国家的外债进行比较,就会发现这些资本外逃的经济成本是巨大的。喀麦隆的资本外逃数额几乎是其外债的十二倍(1190%)。加蓬、科特迪瓦和刚果(布)则分别为 923%、527% 和 490%③。

---

① Léonce NDIKUMANA et James K. BOYCE, *La Dette odieuse de l'Afrique. Comment l'endettement et la fuite de ses capitaux ont saigné un continent*, Amalion, Dakar, 2013, p. 54.

② *Ibid.*, pp. 90 - 91.

③ *Ibid.*, p. 144; Léonce NDIKUMANA et James K. BOYCE, «Capital flight from Sub-Saharan African Countries. Updated Estimates, 1970 - 2010», octobre 2012, Political Economy Research Institute, University of Massachusetts, 2012; Ameth S. NDIAYE, «Capital flight from the Franc Zone. Exploring the impact on economic growth», African Economic Research Consortium, paper 269, Nairobi, 2014.

资本外逃在诸多方面阻碍了经济发展。较低的投资率导致经济增长变得更为乏力。在大多数时候，可用的国内资源并没有被用来提高国内生产能力，而是被用来偿还不合理的债务。更不用说非洲统治阶层积累外部金融资产所造成的权力不平等①。所有这些因素都加强了经济的外向性，同时还阻碍了为公共利益服务的合理制度的出现。正如莱昂斯·恩迪库马纳和詹姆斯·博伊斯所强调的那样，最为严重的后果是造成了人道主义危机。偿还外债的资金增加会导致教育和卫生部门的资金减少。根据他们的估算，非洲每偿还 1 美元外债，就会导致卫生部门的预算减少 29 美分（用更为悲惨的事件来说的话，这组数据还可以转化为：每偿还 140000 美元债务，就会有 1 个婴儿死亡）②。这些数据说明，在加蓬、赤道几内亚、刚果（布）和科特迪瓦等国，虽然从人均 GDP 的增长来看，这些国家取得了明显的经济进步，但是它们的经济发展与卫生和教育部门的发展严重脱钩，卫生和教育部门的发展远远落后于经济发展。

因此，法郎区国家处于这样一个体系中：中央银行拥有大量外汇储备，但是这些外汇储备的收益率很低，真实收益率甚至是负的；商业银行的流动性过剩；家庭和企业面临着信贷限制；国家为了给它们的发展项目提供资金，不得不以难以承受的利率背负外债，这就加剧了资本外逃的现象。这就是非主权货币的症结所在。

---

① Janvier D. NKURUNZIZA, «Capital flight and poverty reduction in Africa», *in* S. Ibi AJAYI et Léonce NDIKUMANA (dir.) *Capital Flight from Africa: Causes, Effects and Policy Issues*, Oxford University Press, Oxford, 2015, pp. 81 - 110.

② Léonce NDIKUMANA et James K. BOYCE, *La Dette odieuse*, *op. cit.*, pp. 115 - 117.

第七章

难以维系的现状

长期以来,非洲法郎及其相关问题一直远离法国和非洲公众的视线。由于公众对此知之甚少,因此几乎不可能对非洲法郎机制提出质疑。近年来,非洲法郎已经走出了金融机构,不再是一个仅限于专家讨论的晦涩难题。如今,在非洲大陆和法国,非洲法郎已经成为了报纸头条、街头游行、电视节目和会议的主题。要求终结非洲法郎的呼声越来越高,压力越来越大。

层出不穷的质疑

在 1994 年非洲法郎贬值引发争论之后,非洲法郎再度销声匿迹,特别是在法国媒体上。从 2015 年至 2016 年开始,情况发生了变化,这可能是多种因素共同作用的结果:中非法郎区在 2015 年和 2016 年关于非洲法郎贬值的传闻;伊德里斯·代比在 2015 年 8

月呼吁"剪断阻碍非洲腾飞的绳索"①的批评言论；年轻一代不断觉醒的意识；某些非洲知识分子的言论。2016 年 9 月（在法郎区财政部部长会议召开前夕），非洲和法国经济学家共同撰写的《让非洲摆脱货币奴役，谁是非洲法郎的受益者？》(*Sortir l'Afrique de la servitude monétaire. À qui profite le franc CFA*)在法国出版，这本书的出版让这种法非货币重新出现在法语区的媒体上②。

继萨米尔·阿明和约瑟夫·春迪昂·普埃米在 20 世纪七八十年代提出的批评之后，非洲经济学家们如今的批评主要集中在技术层面：法郎区的货币管理方式并不是为发展（更不用说立足于自身的发展）服务的。这些知识分子对央行缺乏货币自主权提出了质疑，由于这些央行的自主权受限，它们的政策就变得更为保守。基于货币本质的非正统概念（货币作为社会联系的基础，不能被简化为一种交换工具）和货币在资本主义经济〔资本主义经济是"货币生产经济③"(économies monétaires de production)〕中的核心地位，这些经济学家对货币现状提出了质疑。根据这种观点，货币（从创造额外购买力无需提前建立储蓄的意义上讲）是生产的条件。如果不向生产者提供贷款形式的投资，那么生产就无法实现持续增长。相反，正统观点的支持者们（尤其是法郎区央行的负责人们）认为，货币本质上是一种对生产没有长期影响的交换工具。因此，他们选择优先对抗通货膨胀，而不是动用货币政策来解决失

---

① «Idriss Déby appelle les Africains à se débarrasser du franc CFA», 〈www. afrik. com〉, 14 août 2015.

② Kako NUBUKPO, Martial ZE BELINGA, Bruno TINEL et Demba Moussa DEMBELE (dir.), *op. cit.*

③ LES ÉCONOMISTES ATTERRÉS, *La Monnaie. Un enjeu politique*, Seuil, Paris, 2018.

业和就业不足的问题。但是，2007—2008 年金融危机及随后的发展状况对这种正统的货币观点造成了强烈的冲击[1]，以至于英格兰银行(Banque d'Angleterre)不得不发布一些配有视频的教学文章，来解释货币在现代世界中是如何运作的，以及为什么在这一领域，经济学教材及其依靠的新古典主义分析是完全错误的[2]。

批评非洲法郎的经济学家认为，以下几种改变是必不可少的：转向一种可以授予法郎区国家更多灵活性的汇率机制；拥有新型的中央银行，这些中央银行不仅关注物价稳定，还关注经济发展，并且它们的货币政策与国家的财政政策保持一致；改革金融和银行体系来为经济体融资提供便利；加强国家间的预算协调。

在专家的批评言论重新出现的同时，我们也看到了非洲的民间协会和团体围绕着更为政治的问题进行了规模空前的动员。例如，在塞内加尔，"反非洲法郎阵线"(Front antifranc CFA)发动和组织了一些会议和街头游行来强调法郎区非洲国家获得"货币主权"的必要性。这些社会运动主张消除越来越让人难以忍受的货币殖民符号。他们不想要继续使用非洲法郎这一货币名称，他们希望可以不在法国制造这些货币符号。他们要求取消交易账户，终结法国在法郎区央行的存在。他们的观点在公共舆论上获得了大量的响应。公共舆论逐渐意识到，没有货币独立，法郎区国家就仍将在诸多方面受制于法国。越来越多的艺术家加入到他们的行

---

[1] Steve KEEN, *L'Imposture économique*, L'Atelier, Ivry-sur-Seine, 2014；Ann PETTIFOR, *The Production of Money. How to break the powers of bankers*, Verso, Londres et New York, 2017；L. Randall WRAY, *Why Minsky Matters. An Introduction to the Work of a Maverick Economist*, Princeton University Press, Princeton et Oxford, 2016.

[2] Michael McLEAY, Amar RADIA et Ryland THOMAS, «Money creation in the modern economy», Bank of England, *Quarterly Bulletin*, n° 1, 2014.

列,例如塞内加尔著名说唱歌手迪迪埃·阿瓦迪(Didier Awadi),他在 2018 年发布的作品中唱到:"我们不能继续""我们不想继续"使用"这个该死的非洲法郎"①。2018 年 6 月,来自七个国家的十几名非洲音乐家发布了一段名为"抵制非洲法郎的 7 分钟"(7 minutes contre le CFA)的音乐视频。他们在视频中大声唱到,"我们已经被要挟很久了,这种敲诈行将终结""这不是我们的货币"②。

社交网络在反对非洲法郎的动员中发挥了重要作用:它们可以广泛且迅速地传播信息和观点。例如,2018 年 5 月,社交网络上流传着一个基于非洲开发银行数据的排名"2018 年非洲最富有的 10 个国家",并指出:"没有任何使用非洲法郎的国家出现在这一名单中,而且名单中的每个国家都有自己的货币。"社交网络还大量报道了非政府组织泛非主义者紧急救援协会(Urgences panafricanistes)创始人、法国-贝宁双国籍活动家凯米·塞巴(Kemi Seba)在 2017 年 8 月的惊人举动。他在达喀尔一场"反对法非特殊关系"的集会上焚烧了一张 5000 西非法郎的纸币。这一旨在揭露"殖民秩序的政治经济丑闻"的惊人之举在一部分非洲青年中引起了极大的反响。这一事件的结果同样惊人,因为凯米·塞巴在这一事件发生几天后被逮捕了,西非央行指控他"故意损毁法定纸币"。8 月 29 日,他在审判结束后被释放,并在不久之后被遣返回了法国。塞内加尔当局认为他出现在塞内加尔国土上"对公共秩序来说是一个严重的威胁"。

为了让这场首次出现的群众运动转化为真正的变化,法郎区

---

① Voir son album *Made in Africa*.
② «7 minutes contre le franc CFA», Amoul Bayi Records,2018（disponible sur 〈www. youtube. com〉).

各国的政治阶层（包括执政党和反对党）必须参与其中。然而，事实并非如此。实际上，很少有政党愿意谈及非洲法郎。例如，加蓬的一位学者指出："非洲法郎是一个无关紧要的话题：没有任何政党或领导人会把非洲法郎当成演讲的主题，更不用说用来竞选了。政客们都是'法非特殊关系的支持者'，以至于他们不会在这一话题上表态。更糟糕的是，本应该为这一话题发声的反对派则只想着依靠法国来上台执政。因此，没有政客愿意谈论非洲法郎[1]。"如今，只有科特迪瓦反对党共和国自由民主党（LIDER，Liberté et Démocratie pour la République）领导人马马杜·库利巴利（Mamadou Koulibaly）[2]和科摩罗替代党（PCA，Parti Comores alternatives）主席赛义德·艾哈迈德·赛义德·阿卜迪拉（Saïd Ahmed Saïd Abdillah）[3]会经常在非洲法郎这一话题上发表言论。阿卜迪拉在 2017 年年末的时候解释说："货币不仅是我们国家主权的一部分，还是我们经济的氧气。如果我们无法掌控货币政策，就无法获得发展。所有发达国家都是自己制定货币政策的[4]。"最后，我们可以列举喀麦隆反对党非洲新独立与民主运动（Manidem，Mouvement africain pour la nouvelle indépendance et la démocratie）领导人阿尼赛特·埃卡纳（Anicet Ekane）在 2011 年喀麦隆总统大选竞选期间发表的言论。他说，非洲法郎是"非洲国家无法摆

---

[1] Cité in Fanny PIGEAUD，« Le franc CFA （3/3）：impossible de changer?»，*Mediapart*，11 août 2016.

[2] Mamadou KOULIBALY，*La Souveraineté monétaire des pays africains*，L'Harmattan，Paris，2009.

[3] Saïd Ahmed Saïd ABDILLAH，*Les Comores. Pour une indépendance monétaire et financière de l'archipel*，L'Harmattan，Paris，2015.

[4] «Said Ahmed Said Abdillah campe le débat sur le franc CFA aux Comores»，*Financial Afrik*，19 décembre 2017.

脱对法国依赖的限制因素之一[①]"。

　　虽然各个政党在非洲法郎这一话题上仍然畏手畏脚，但是一些国家元首的态度发生了一点变化。如前所述，2015年，为了解决财政困难，伊德里斯·代比在非洲法郎这一问题上高调表态——几个月后，一位法国财政部的官员将他形容为"货币文盲"[②]。2017年年初，代比的侄子阿巴斯·马哈马特·托利（Abbas Mahamat Tolli）成为了中部非洲国家银行行长。2017年6月，代比在接受电视广播采访时重申了对非洲法郎的批评。在面对"非洲法郎是否应该终结？"这一问题时，他作出了如下回答："非洲法郎的唯一好处是拥有十四个使用共同货币的国家。为了让我们不再受法国国库的管理，十四个国家必须团结一致，与法国重新谈判。我们的货币应该由我们通过我们的中央银行来管理。在我们的中央银行董事会中，有三位（原文如此）法国人，他们拥有否决权。那么货币主权何在？你们想要非洲如何发展？此外，我们说英语、葡萄牙语、阿拉伯语的非洲同事对我们说，你们今天之所以会经历这些不幸，是因为你们说的是法语[③]。"

　　在伊德里斯·代比之前，塞内加尔总统阿卜杜拉耶·瓦德（Abdoulaye Wade）在2010年以相当特别的方式宣称："在独立50年后，我们必须重新审视货币的管理问题。如果我们收回我们的货币权力，我们可以把货币管理得更好。加纳拥有自己的货币，并且管理得很好。毛里塔尼亚和冈比亚的情况也是如此，它们的货

---

① «Anicet Ekane: en cas d'incapacité de Paul Biya, les lendemains seront tristes», *Le Jour*, 7 juin 2011.

② Entretien avec un haut fonctionnaire de Bercy, mai 2016.

③ «Idriss Déby Itno, invité de *Internationales* », RFI, 25 juin 2017.

币为经济发展提供了资金。"2017 年 11 月,布基纳法索国家元首罗克·马克·克里斯蒂安·卡博雷称:"关于经济独立性和货币的辩论并不新鲜……我们完全可以改变游戏规则,这取决于非洲国家自己①。"

但是,与过去一样,法郎区国家领导人"圈子"内部似乎并没有达成共识,他们与巴黎的关系仍然是暧昧的:科特迪瓦总统阿拉萨内·瓦塔拉多次强烈反对非洲本土经济学家提出的变革要求。2016 年 4 月,为了拒绝一切变革,瓦塔拉强调了他的专业经历:"我曾是西非央行的行长,我如今仍然是西非央行的名誉行长。我可以告诉你,非洲法郎由非洲人管理,并且管理得很好。因此,我希望非洲知识分子们谨言慎行,尤其是要有判断力。如果我们从 25 年、30 年这样的长时段来看,那么非洲法郎这种货币对民众来说是有益的。从长期来看,非洲法郎区国家是经济发展最为持续的国家,也是通胀率最低的国家。法郎区是少有的货币发行率几乎是 100％ 的区域之一。我们还想要什么呢? 可能'非洲法郎'(franc CFA)这个货币名称令我们不快,但我们可以换掉它。然而,从货币的本质来看,我认为我们的选择是正确的②。"

法国方面:近年来,特别是在 2017 年法国总统大选竞选期间,几个左派政党提出了终结非洲法郎的主张,包括法国共产党(Parti communiste français)、不屈法国党(France insoumise)、新反资本主义党(Nouveau parti anticapitaliste)、工人斗争党(Lutte

---

① «Il appartient aux Africains de changer les règles du jeu sur le franc CFA», 〈www. lemonde. fr〉, 6 novembre 2017.

② «ADO à propos du franc CFA», 〈www. youtube. com〉, 13 avril 2016.

ouvrière）。小党派团结与进步党（Solidarité et progrès）①和极右翼政党国民阵线也发声反对这种"对非洲经济来说是悲剧②"的货币。然而，到目前为止，除了法国共产党以外，这些不同的政党都没有采取进一步行动。2018 年 2 月，法国共产党参议员、外交和国防事务委员会（Commission des Affaires étrangères et de la Défense）成员克里斯蒂娜·普鲁诺（Christine Prunaud）就非洲法郎的未来向法国财政部部长进行了提问。普鲁诺质问法国财长如何应对非洲大陆上越来越大的质疑声。她指出："虽然这些国家摆脱了殖民统治，但是由于非洲法郎的特殊性，这些国家的金融自主和独立无法得到保证③。"三年前，在法国共产党参议员多米尼克·瓦特汉（Dominique Watrin）的支持下，加布里埃·佩里基金会（fondation Gabriel Péri）在法国参议院组织了一场以非洲法郎的未来为主题的辩论④。

非洲法郎体系支持者的反击

在法国，当局似乎已经对网络和街头上日益增多的民众抗议采取了行动。某些法国媒体上突然出现的"专家"文章可以证实这

① 雅克·舍米那德（Jacques Cheminade）创建了团结与进步党。长期以来，他是在非洲法郎问题上表现最为积极的政客之一。
② «Les propositions pour l'Afrique des candidats à la présidentielle française»，RFI, 7 avril 2017.
③ Sénat，Question n° 03375, *Journal officiel*，22 février 2018.
④ FONDATION GABRIEL PÉRI, «L'avenir du franc CFA en question»，〈www.gabrielperi.fr〉.

一点。其中一些"专家"在文章发表时仍是默默无名的。这些"专家"文章为非洲法郎辩护，赞美非洲法郎带来的"稳定性"，但极少提及非洲法郎强加给法郎区国家的不利条件。政界和商界名人纷纷公开发声，这意味着非洲法郎这一话题已经受到了重视。例如，利昂内尔·津苏（Lionel Zinsou）在货币问题上发表了很多声明。利昂内尔·津苏是一家投资基金的负责人，曾是法国总理、部长洛朗·法比尤斯（Laurent Fabius）的办公室成员，并且短暂地当过贝宁总理（2015 年 6 月至 2016 年 4 月）。2017 年，他在巴黎解释说："认为非洲人民想要放弃非洲法郎的观点是错误的。没有外汇黑市或者货币外逃等体现对非洲法郎缺乏信心的现象[①]。"

　　为了试图让抗议者失去参加辩论的资格，非洲法郎的捍卫者们毫不犹豫地断言，只有"经济和金融事务专家"才有资格参加辩论。在他们看来，那些批评非洲法郎机制的人（其中包括非洲的经济学家）被"激情"和"激动"冲昏了头脑，提出了一些"好战的""意识形态的"或者"蛊惑人心的"理由。抗议非洲法郎因此成为了一种"民粹主义"。然而，对非洲法郎的存在提出异议不会"带来"好处，甚至对拥有一定职位的人来说是有风险的。多哥经济学家卡科·努布波的例子证明了这一点：他曾担任多哥公共政策前景与评估部长。他对非洲法郎和中央银行管理的批判性分析惹恼了西非国家中央银行和科特迪瓦总统阿拉萨内·瓦塔拉。在西非央行和瓦塔拉的压力之下，他于 2015 年被解除了部长职务。2017 年年底，他还被逐出了总部位于巴黎的法语国家组织（OIF，Organi-

---

[①] «L'Afrique mérite des débats plus sérieux" sur le franc CFA »，*Le Monde*，18 décembre 2017.

sation internationale de la francophonie)。自 2016 年 3 月起，他在该组织担任法语国家经济和数字化事务主管。他在非洲法郎问题上的公开表态也是他被解雇的原因之一。法国国家组织称，在他发表反非洲法郎的言论后，"多个国家元首和政府首脑表达了强烈的抗议"。

至于法国当局，他们先是像往常一样重申：非洲法郎是一种"非洲的货币"，非洲法郎的未来取决于非洲人。随后，由于外界的压力并没有下降，他们不得不采取稍微"进步"一点的措辞。2017年 8 月末，法国总统埃马纽埃尔·马克龙在爱丽舍宫会见阿拉萨内·瓦塔拉时谈到了法郎区："我认为应该对法郎区进行现代化改造，以务实的态度开辟一条新道路。我认为这就是需要我们共同努力的目标。"数周后，也就是在 11 月份，马克龙在访问布基纳法索时再次就非洲法郎问题表态，但是他这次的态度是模棱两可的："我将支持所有法郎区国家总统共同提出的解决方案。如果他们想要改变法郎区的范围，我非常赞成。如果他们想要更改货币名称，我完全支持。如果他们想要，甚至如果他们认为应该完全取消这种区域稳定性，并且认为这对他们来说更为有利，我认为这取决于他们，所以我支持他们的决定。"但是，法国的做法是自相矛盾的，也可能是无意识的，爱丽舍宫仍然是游戏规则的主宰者。法国总统宣称法方将着手研究改革方案，但他还同时暗示非洲国家放弃非洲法郎是愚蠢的，因为非洲法郎可以给它们带来"稳定"。此外，他只提到了修改非洲法郎名称和法郎区"边界"的可能性，他似乎想要限制可能发生的改变的范围。马克龙的经济和财政部部长布鲁诺·勒梅尔在 2018 年 4 月进行了同样的表态，重申了应该由法郎区国家来"提出一些要求，无论是对货币名称、地理、法郎区扩员还是交易账户体系的要求都可以"。

　　法国官员所"建议"的改革领域并没有涉及维持法郎区是否合理这一关键问题。法国官员坚持要由非洲国家提出"要求"——这个词非常具有启发性——这表明他们知道法郎区国家领导人们很难达成共识：科特迪瓦总统阿拉萨内·瓦塔拉是著名的亲法人士，只要维持他的立场不变就够了。法国当局一直都在利用这一事实：他们知道这些国家元首们的需求是不同的，他们的经济和政治议程也是不同的。这是非洲法郎机制的隐藏力量之一：自非洲国家独立以来，巴黎一直重视非洲内部的"团结"，因此非洲国家很难单独反对法国。塞内加尔总统阿卜杜·迪乌夫在其回忆录关于1994 年非洲法郎贬值的部分提到了这一现象："1993 年……我开始认真考虑这种情况，并且告诉自己，首先，我别无选择，因为与国际货币基金组织抗争就像拿鸡蛋去碰石头。其次，从非洲团结的层面来看，因为我了解到除了两个国家（塞内加尔和加蓬）以外的所有国家都已经达成了一致，所以只能决定贬值①。"因此，埃马纽埃尔·马克龙提到的"所有总统共同提出的解决方案"这一说法并不是无关痛痒的。

　　法国方面似乎没有准备放松对非洲法郎的控制，更不用说终结非洲法郎机制了②。在 2018 年 4 月公布的一份报告中，法国前财长、国际货币基金组织前总裁多米尼克·斯特劳斯-卡恩并没有暗示相同的选项，而是建议用欧洲代表来替换法郎区央行中的法

---

① Abdou DIOUF, *Mémoires*, Seuil, Paris, p. 310.
② Sylviane GUILLAUMONT JEANNENEY et Patrick GUILLAUMONT, « Quel avenir pour les francs CFA?», Ferdi, document de travail, mai 2017.

国代表，并且接纳加纳加入法郎区①。他这么做说明他还没有明白大部分非洲人并不希望法国继续主宰他们的货币，并且对像加纳这样稍微发达一点的英语区国家来说，法郎区没有任何吸引力。

法国领导人的立场一点也不令人意外：他们要继续维护他们国家和企业的利益。只有当力量对比事先发生改变时，法郎区才有可能出现一些变化：历史表明，只有当局势紧张且"失去一切"的风险非常高时，法国才会在非洲做出让步。法郎区最近的一次重大变化证实了这一点，这次变化发生在 2005 年和 2007 年，交易账户的强制配额从 65％ 下降至 50％。这次变化之所以发生，是因为赤道几内亚不愿意执行法郎区的规则，而宁愿将它的石油收入存放在美国。从 1995 年开始，也就是加入法郎区十年后，赤道几内亚成为了一个石油生产大国。在雅克·希拉克总统和奥多罗·奥比昂·恩圭马·姆巴索戈（Teodoro Obiang Nguema Mbasogo）总统的激烈讨论之后，巴黎最终同意赤道几内亚只需要将 50％ 的外汇储备存放在交易账户中②。

虽然非洲领导人们没有承担他们的责任，也没有联合起来强行推动非洲法郎的变革，但是关于非洲法郎的压力会在未来几年中不断增加。这不仅仅是因为我们之前提到的所有政治和经济原因，还因为一个无法回避的因素：那就是人口的变化。1950 年，法国人口比法郎区人口多，当时法国人口为 4100 万，而法郎区人口为 3000 万。如今，人口对比完全反了过来：法郎区 15 个非洲国家的人口是法国人口的 2.5 倍（2015 年，法郎区人口为 1.62 亿，法国

---

① Dominique STRAUSS-KAHN, «Zone franc, pour une émancipation . . . », *loc. cit.*
② Entretien avec un expert africain qui a requis l'anonymat, 20 mai 2018.

人口为 0.64 亿）。根据联合国的预测，到 2100 年，法郎区国家将有
8 亿人口，而法国将有 0.74 亿人口。巴黎为非洲货币"担保"的合
理性将会被削弱，因为法国的经济体量可能不足以提供可靠的担
保。另一个迫使非洲法郎体系变化的结构性因素是：中非法郎区
石油时代的终结遥遥在望。中非法郎区成员国经济多元化程度不
高，石油时代的终结会导致它们的外汇储备下降[①]。这很可能会导
致中非法郎和西非法郎脱钩，甚至可能引发对法郎区存在的质疑。
很显然，非洲法郎在中非法郎区的现状越强势，最终的衰落就会越
痛苦。

对非洲国家来说，它们有众多理由团结起来，并且终结非洲法
郎这一过时的机制。对法国来说，为了避免将来的困难，它也有兴
趣给非洲法郎设计一个不同的未来。更何况如今非洲法郎在大部
分法郎区国家引起了"反法情绪"，这种"反法情绪"正在不断加强，
似乎引起了法国在外交层面的担忧。

摆脱货币僵局

越来越多的非洲社会运动和一部分经济学家宣称："我们必须
摆脱非洲法郎。"那么应该怎么做呢？从法律的角度来看，答案似
乎很简单，因为在成员国签署的条约中，"退出"是一个预留选项。
《西非经济货币联盟条约》第 36 条的开头两段规定："任何成员国

[①] Julius AGBOR，《The future of the CEMAC CFA Franc》，*Eurasian Journal of Economics and Finance*，vol. 1，n° 1，2013，pp. 1 - 17.

都可以退出西非经济货币联盟。成员国的退出决定必须正式通知西非经济货币联盟的国家元首和政府首脑会议。退出通告发出180天后生效。但是，各方协商一致后可以缩短这一期限。"《中非经济货币共同体条约》第58条也有类似的规定。

每个国家还可以通告废除货币合作协议以及将这个国家和法国联系在一起的交易账户协议。简而言之，如果一个国家想要退出法郎区，那么它不需要获得任何许可就能退出。这个国家只需要承担自己的责任即可。话虽如此，我们还应该区分两种不同的退出方式：个体退出和集体退出。第一种可以称之为"民族主义的退出"：决定走这条路的国家会为了它们自己的货币而战。显然，如果这两个货币联盟的关键国家之一（喀麦隆、科特迪瓦或塞内加尔）选择退出法郎区，就像阿尔及利亚、几内亚、马达加斯加、摩洛哥、毛里塔尼亚、突尼斯和越南之前所做的那样，那么非洲法郎体系将难以维持。但是，单独退出具有很多不确定因素和风险，并且会不可避免地遭受破坏活动（正如某些国家在过去遭受的那样，见第三章）。另一种选项可以称之为"泛非主义的退出"：同一个货币联盟的非洲国家步调一致，决定废除同法国签订的货币合作协议和交易账户协议。在这种情况下，法国代替可能退出的非洲国家"退出"法郎区，而货币联盟则将被原样保留下来。这样做的结果是，不再有交易账户、不再需要把外汇储备集中到巴黎，也不再有法国的"担保"。显然，中央银行中也不会再有法国代表的席位，非洲国家将可以重新掌控它们的外汇储备。从此以后，货币和汇率政策现在将成为非洲国家的集体责任，非洲国家可以重新命名它们的货币，还可以在法国以外的国家制造它们的货币符号。

除了关于退出方式及其后果的问题外,还有一些旨在打破当前货币僵局的提议。一些人计划改革法郎区。其中有一种改革想法越来越受到关注:考虑到法郎区国家与其他货币区的贸易往来越来越多,非洲法郎应该和一篮子货币(例如美元、欧元、人民币、英镑)挂钩,而不是仅仅和欧元挂钩。虽然这一改革想法在给予更大的汇率灵活性上前进了一步,但是仍然无法解决这些国家之间缺乏财政团结的问题,这些国家没有可以进行相互协调的货币和汇率政策的杠杆。因此,它仍将维持"内部贬值"作为一种调整机制。此外,这项改革无法终结法国对西非法郎区和中非法郎区的监管,最为重要的货币自主权仍将受到限制。

一些经济学家认为必须超越简单的非洲法郎体系改革,并且支持废除非洲法郎体系。他们当然考虑过实施代替方案,建立新的货币体系。在这里,我们将探索两条朝这一方向发展且看起来非常有趣的改革路径:第一条是为整个西部非洲建立一种单一货币,第二条是建立相互挂钩的本国货币。

区域单一货币

我们可以从非洲法郎的历史中学到的重大教训之一是非洲国家不需要法国的"担保"。如果这些国家继续团结一致并且强制遵守一些规定,那么它们可以创立一种可兑换的共同货币。这可以成为非洲法郎的替代方案之一。

西非国家经济共同体①是一个由 15 个国家（其中包括西非经济货币联盟）组成的集团。这个集团正在朝这个方向努力，并且计划创立一种单一货币。西非国家经济共同体的单一货币计划制定于 20 世纪 80 年代，并于 21 世纪初重新启动。这个单一货币计划效仿了另一个更大的非洲大陆单一货币计划。后者被推迟了多次。它是由克瓦米·恩克鲁玛等泛非主义领导人在非洲国家独立时设想的。起初，西非国家经济共同体的想法是 7 个非西非法郎区成员国先在 2015 年创建一个货币联盟——西非货币区（ZMAO，zone monétaire de l'Afrique de l'Ouest）——然后在 2020 年合并 8 个西非法郎区国家。由于没有赶上 2015 年的期限，它们决定直接在 2020 年成立一个由 15 个国家组成的货币联盟②。然而，这仍然存在许多不确定因素，尤其是和西非国家经济共同体成员国尼日利亚有关。尼日利亚是西非最大的经济体，它给单一货币的诞生设置了前提条件：西非法郎区国家必须提供一份和法国国库断绝联系的计划③。不过，到目前为止，西非法郎区国家似乎并没有打算剪断将它们和法国联系在一起的货币绳索。此外，阿布贾当局认为，鉴于该地区大多数经济体缺乏准备，2020 年的成立期限显得过于好高骛远。实质上，尼日利亚对它可以从这个大货币集团获得的收益持怀疑态度。单一货币不仅会迫使尼日利亚放弃本国货币奈拉，还会迫使尼日利亚放弃它的经济独立性，因为

---

① 西非国家经济共同体包括西非经济货币联盟 8 国以及佛得角、冈比亚、加纳、几内亚、利比里亚、尼日利亚和塞拉利昂。

② Ferdinand BAKOUP et Daniel NDOYE, «Pourquoi et quand instaurer une monnaie unique dans la CEDEAO», *Africa Economic Brief*, vol. 7, n° 1, 2016.

③ «Nigeria wants single currency for ECOWAS slowed down», *Premium Times*, 24 octobre 2017.

货币一体化意味着共同的纪律和国家财政政策的协调（这是为了让国家财政政策与超国家的货币政策兼容）。这类限制解释了为何大国偏爱本国货币。除了欧元区国家以外，面积较大或人口基数较大的国家都拥有本国货币。目前，所有人口一亿以上的国家都拥有本国货币。预计到 2050 年，尼日利亚人口将翻一番，达到近 4 亿，届时将超过美国人口。尼日利亚并不是唯一对单一货币持保留态度的国家。像佛得角这样的小国也没有表现出太大的热情。这个群岛国家与非洲邻国的联系不如与欧盟的联系紧密，因此它一直选择与西非货币区保持距离。

除了这些政治上的困难外，西非国家经济共同体未来的货币联盟成员所需的经济先决条件构成了另一个障碍。与欧盟条约的趋同标准所要求的欧元准入门槛一样，非洲国家也需要在通胀率、财政赤字或者公共债务等指标上达到准入门槛。这种做法似乎并不现实：很难借助大部分具有周期性的标准来快速地让那些多元化程度低且不稳定的经济体达到趋同的目标。那些高通胀、高债务的国家如果想要达到这一标准，那么它们将被迫采取一些限制性措施，然而，这些限制性措施的效果具有不确定性，甚至有可能让这些国家的经济变得更为脆弱。此外，应该指出的是，西非经济货币联盟成员国普遍在这些指标上有着更好的表现。对这些西非法郎区国家来说，如果西非地区的其他国家还没有准备好的话，那么它们为了西非国家经济共同体单一货币而放弃它们的货币一体化是没有任何好处的。最后，无法保证名义上的趋同——在通货膨胀、公共赤字、公共债务等方面取得类似的成绩——可以带来"真正的趋同"——在经济增长、就业等方面取得类似的成绩。正如一位德国央行董事在 2017 年指出的那样，这是欧元区的经验教训之一："在欧元区，'趋同'从一开始就是关键词。即使在今天，虽然目前几乎所有欧元区成员国都处于经济复苏期，但是它们的经济周期并不是同步的。各成员国的失业率相去甚远，希腊的失业率超过了 22％，而爱尔兰的失业率则不到 7％。因此，即使在影响深远的欧洲一体化条约生效 25 年后、在共同货币启用 18 年后，我们的步伐也并不是完全一致的①。"

西非国家经济共同体的单一货币计划即使在政治上是可行的，也不一定能在经济上满足其成员国的需求。因为在这种情况下，货币和汇率政策很可能与尼日利亚的经济形势保持一致。在西部非洲（包括毛里塔尼亚），尼日利亚的 GDP 所占比重超过了 70％，人口所占比重为 51％。一切都是力量对比的问题。如果德国无法在欧元区内强制推行它的看法和要求，那么它就不会加入欧元区。同样地，如果单一货币无法满足尼日利亚的需求，那么尼日利亚不可能为了这种单一货币放弃本国货币。这还没有考虑西非国家经济共同体内部较低的贸易一体化水平以及经济分工的差异。只有那些经济周期同步的国家才能从共享货币中获益。然而，尼日利亚是一个石油生产国，而大多数西非国家经济共同体成员国都是石油净进口国。

在此背景下，只有在强有力的财政团结的支持下，也就是说，受到不利的非对称冲击的国家有可能从情况较好的联盟成员国获得资金，单一货币才是合理的。为了弥补货币和汇率政策转移至超国家层面带来的损失，这种财政团结是不可或缺的。欧元区的

---

① Andreas DOMBRET，《Monetary integration. Lessons from Europe》，conférence à Pretoria 15 août 2017，（notre traduction）.

经验很好地证明了这一点：没有财政联邦制的单一货币会导致国家之间的差距变得更大，分化变得更严重。至少法国团体"惊人的经济学家"（Les Économists atterés）是这么解释的："那些建立了欧洲货币联盟并把事情弄得一发不可收拾的人犯了一个……错误，他们认为单一货币是欧元区经济趋同的一个要素。事实恰恰相反：欧元加剧了成员国之间的宏观经济不平衡。事实上，欧元区没有共同的财政和税收政策，主要是因为没有政治上的统一管理①。"由于这种原罪，让-保罗·菲图西（Jean-Paul Fitoussi）认为欧元是一种"没有主权的货币"，而米歇尔·阿格利埃塔（Michel Aglietta）及其合作者则认为欧元是一种"不完整的货币"②。

目前，西非国家经济共同体单一货币计划没有准备任何的财政团结机制。更令人担忧的是，它设置了限制公共赤字（GDP 的 3%）和公共债务水平（GDP 的 70%）的规则。这些规则最初是为法国自己的财政管理发明的，后来被应用到欧盟层面以及非洲。3% 公共赤字比例规则的法国创始人之一自己将这一规则描述为"除了经济形势依据外没有其他任何依据"的"美丽幻想"③。这些良好经济管理的伪规则所基于的假设源自健全财政原则（sound finance）。这与实证研究的结果相矛盾④。如果预算过于严格的话，受到不利的非对称冲击的国家没有货币和汇率政策的杠杆，也

---

① LES ÉCONOMISTES ATTERRÉS, *La Monnaie . . .*, *op. cit.*

② Jean-Paul FITOUSSI, *Théorème du lampadaire*, Les liens qui libèrent, Paris, 2013；Michel AGLIETTA（avec Pepita Ould AHMED, Jean-François PONSOT）, *La Monnaie : entre dettes et souveraineté*, Odile Jacob, Paris, 2016.

③ «À l'origine du 3% du PIB, une invention 100% française», *La Tribune*, 1er octobre 2010.

④ «Everything you've been told about government debt is wrong», ⟨www. forbes. com⟩, 17 avril 2018.

无法寄希望于预算转移，这些国家在单一货币的框架内只能通过内部贬值来调整。

西非国家经济共同体单一货币计划既不是一个糟糕的提议，也不是一个无法实现的计划。但是，应该避免这种单一货币成为像非洲法郎那样的制约因素或者成为欧元的劣质翻版（只有欧元的缺点，但没有贸易和金融一体化的优点）。只有当非洲国家在政治联邦制的道路上取得令人信服的进展时，区域单一货币，甚至洲际单一货币才可能成为一个可信的计划。与此同时，我们也应该保持务实的态度。中非法郎区国家目前没有任何类似的计划，即使西非国家经济共同体单一货币面世，也无法解决中非法郎区国家摆脱非洲法郎的问题。

还是相互挂钩的本国货币？

在对各方都有利的泛非团结的框架下，退出非洲法郎体系是可以实现的。本国货币这一选项值得认真考虑。本国货币的优势在于可以让国家拥有更大的灵活性，因为这些国家可以运用与财政政策协调一致的货币和汇率政策来影响国内经济活动①。与加入一个没有财政团结机制的货币联盟相比，本国货币是一个更为实用的选项。在过去的两个世纪中，全球南方国家的货币联盟主要都是为殖民目的服务的。随着殖民地纷纷独立，在除了法郎区、

---

① William MITCHELL, L. Randall WRAY et Martin J. WATTS, *Modern Monetary Theory. An Introductory Text*, Center of Full Employment and Equity, Callaghan, 2016.

一些小岛国和一些"附属国"（例如海外领地和海外省、梵蒂冈、圣马力诺、摩纳哥等）以外的所有地方，本国货币都替代了货币联盟。然而，许多拥有本国货币的非洲国家并没有在经济上取得令人信服的成绩。但是，在单一货币的货币联盟内，没有任何一个人口众多的前殖民地国家是经济发达的国家。我们应该注意到，东南亚经济"奇迹"是在本国货币的基础上实现的。

　　本国货币这一选项与泛非经济团结的某些形式是兼容的。20世纪70年代初，萨米尔·阿明为西部非洲提出了一个三步走战略[①]。第一步：维持非洲法郎，用贷款账户代替交易账户。建立一个共同的发展融资基金，作为"调整结构性失衡"的"经济一体化工具"。这个基金管理成员国的部分外汇储备以及央行对国库的部分援助。第二步：吸纳英语国家，确定它们的货币同非洲法郎的汇率。创建一个新的货币联盟。这个货币联盟对外实行外汇管制，在联盟内部则不实行外汇管制。英语国家加入共同的发展融资基金。最后，第三步：法语国家创立各自的本国货币，这些货币以一个固定的汇率相互挂钩，并且由支持本国国库发展的本国中央银行管理。

　　与萨米尔·阿明同时期的塞内加尔国家外汇局前局长马马杜·迪亚拉（Mamadou Diarra）也曾思考过类似的计划[②]。马马杜·迪亚拉认为非洲法郎是一种"粗制滥造的方案"，"严格地讲，非洲法郎不构成一种货币，仅仅是其挂钩的法国法郎的一个约数"。他驳斥那些"强调独立的货币政策的局限性，而不强调独立

---

① Samir AMIN, «Note à propos de l'aménagement du système de la zone franc pour les pays africains», mars 1972, fournie par l'auteur.

② Mamadou DIARRA, *Les États africains et la garantie monétaire de la France*, Nouvelles Éditions Africaines, Dakar, 1972.

的货币政策可以为有效治理带来更大可能性"的著作。在他 1972 年出版的著作中，他建议采用由国家中央银行发行的、汇率和经济基本面保持一致的本国货币。这些本国货币以固定但是可调节的汇率与在国际货币基金组织注册的共同货币单位挂钩。还将协商贷款账户来代替交易账户。每一种本国货币只能在其发行国内部使用。货币联盟与国外的金融交流将实行外汇管制。但在货币联盟内部，"在每种本国货币与共同货币的汇率的基础上，货币兑换是自由的，没有限制的，共同货币只能作为记账单位，只能被用于交易结算"。在联盟层面，将建立一个"西非国家储备基金"（Fonds de réserve des pays de l'Afrique de l'Ouest）或者"西非国家支付联盟"（Union de paiement des États de l'Afrique de l'Ouest）。这一机构将掌管货币联盟的外汇储备。每个成员国的出资额是不同的，并且会以共同记账单位的形式显示出来。这个基金的作用在于管理共同记账单位，并在国际货币基金组织、世界银行等国际组织中代表这些非洲国家。它可以向申请贷款的成员国发放贷款，也可以根据具体情况调整汇率。马马杜·迪亚拉的这个提议有利于法郎区的两个货币集团实现货币一体化，并且可以在泛非主义的前景下将其扩展至其他国家。十多年后的 1983 年，法国经济学家克里斯蒂安·德·布瓦西厄（Christian de Boissieu）领导的团队提出了一个非常相似的设想[①]。

　　1980 年，非洲"货币解放"的坚定倡导者约瑟夫·春迪昂·普埃米也支持在"一个由政治独立国家组成的空间（每个国家有自己

[①] Christian DE BOISSIEU *et alii*, « L'intégration monétaire: l'exemple de la zone franc», *in* Charles-Albert MICHALET, *Le Défi du développement indépendant*, Rochevignes, Paris, 1983.

的货币,但是这些货币通过固定的汇率挂钩,资本可以在这些国家自由流通,必要时可以将这些国家的外汇储备存放在一起)①"内部进行货币一体化的想法。

考虑到非洲一体化的迫切性以及终结所有家长式或帝国主义式监管机制的必要性,所有这些想法必须要与时俱进。一个与一种全非洲的记账单位通过固定但可调节的汇率挂钩的本国货币体系(这种体系起初可以是区域性的,然后逐渐推广至非洲大陆的其他国家),这一体系由一个非洲货币基金(这个基金集中了非洲国家相当一部分外汇储备)进行监管,这似乎是最明智、最务实、最有前途的方式。共同记账单位的存在和汇率波动的限制可以为贸易提供便利,还可以加强经济一体化。

限制公共赤字和公共债务是否明智?

这些为公共赤字和公共债务设定上限的规则是建立在健全财政(sound finance)原则之上的。这些原则具有随意性,没有任何有效的经济理论作为支撑。如今,它们的作用是让各个国家遵守金融市场的秩序。关于这些原则,可以提出两点反对意见。第一点,根据一个简单的会计恒等式,政府赤字始终与非政府部门(国内私营部门,即企业和家庭;世界其他地区)盈余相对应。如果我们假设与世界其他地区的关系处于平衡状态,那么预算盈余恰好等于国内私营部门的

---

① Joseph Tchundjang POUEMI, *Monnaie*, *servitude et liberté*, *op. cit.*

赤字。不过，与公共债务相比，私人债务导致的经济后果往往具有更强的破坏性。此外，资本主义的大危机通常发生在政府预算盈余和私人债务快速增长同时出现的时期之后[①]。第二点，公共赤字和公共债务是调节经济形势的工具。根据经济学家阿巴·勒纳（Abba Lerner）提出的功能性财政（finance fonctionnelle）原则[②]，"好的"公共赤字水平可以充分调动资源，而"好的"公共债务水平则可以让政府获得期望的国内利率。

批评健全财政的原则并不等于说国家必须无限制地增加赤字和负债。这显然是在强调一个事实：一个拥有主权货币的国家——也就是一个仅以自己的、采用浮动汇率的本国货币负债的国家——不会像家庭那样遭受财务限制。它永远不可能"缺钱"。它甚至可以憧憬充分就业[③]。正如经济学家安·佩蒂福（Ann Pettifor）所说：在发达的货币体系中，"永远不会缺乏用于满足最重要社会需求的资金。相反，关键问题在于：谁控制货币创造？货币是出于什么目的被创造出来的[④]?"在当今世界，货币创造（"无中生有地"创造货币）的权力已经转移至私营商业银行，它们创造货币是为了自己的利益而不是集体的福利。在法郎区，法国以维持与欧元的

---

① Steve KEEN, *L'Imposture économique*, *op. cit.*
② Abba LERNER, « Functional finance and the Federal debt », *Social Research*, vol. 10, n° 1, février 1943, pp. 38-51.
③ William MITCHELL, L. Randall WRAY et Martin J. WATTS, *Modern Monetary Theory*, *op. cit.*
④ Ann PETTIFOR, *The Production of Money*, *op. cit.*, p. 17 (notre traduction).

固定汇率、规范成员国的金融纪律为借口,限制了法郎区的货币创造权。具有讽刺意味的是,因为这些法郎区成员国的内部融资能力有限,所以它们不得不经常从可以"无中生有地"创造货币的国际私人银行借入外币债务。

　　显然,如果有共同执行的旨在加强本地生产力和非洲内部贸易的配套经济政策,那么这类货币一体化将更可能成功。对大多数西非经济共同体成员国来说,食品和能源产品(石油和天然气)占它们商品进口总额的 25％至 60％[①]。然而,西非拥有实现粮食和能源自给自足所需的一切条件。如果能够摆脱对这两类产品的依赖,西非国家就可以节省一大笔外汇储备,这些节省下来的外汇就可以用于其他对经济有更深远影响的地方。这将有助于它们减少对外界的金融依赖。到那个时候,这些国家就能配备一个更为灵活、更有利于它们工业化进程的汇率机制。这些观点不仅适用于西部非洲,也适用于整个非洲大陆。

---

① UNCTAD, *State of Commodity Dependence* 2016,〈www. unctad. org〉, 2017.

结　语

　　非洲法郎是为了推动殖民体系现代化而建立的,它经历了过去70年中发生的政治和经济大动荡,但并没有发生重大的变化。作为现存历史最悠久的货币联盟,法郎区的长寿或者"韧性"不应该归因于它在社会经济领域的表现。在所有使用非洲法郎和科摩罗法郎的国家,人力资源和生产能力欠发达是一种常态。非洲法郎体系没有促进其成员国之间的贸易一体化,没有促进它们的经济发展,也没有增加它们的经济吸引力。相反,非洲法郎体系剥夺了相关国家实行自主货币政策的可能性,通过银行信贷限制压制了生产的活力,通过估值过高的结构性汇率损害了产品的价格竞争力,助长了破坏稳定且社会代价高昂的资金外流现象。

　　法郎区之所以继续存在(尽管这种存在具有最基本的经济和政治意义),是因为一些强大的参与者可以从中受益。法郎区有利于维持法国的"势力范围",有利于保留法国企业的垄断市场,还有利于保证法国有可靠且可以用本国货币支付的廉价原材料供应来源。这或多或少地与在爱丽舍宫支持下上台和继续执政的非洲精英有关。违背时代潮流的非洲法郎之所以能继续存在，是因为它同时满足了法国和非洲统治阶级的利益。

然而，这种新殖民主义的货币依赖局面及其背后的骗局受到越来越强烈的挑战。的确，废除法郎区及其机制并不能解决成员国所有的经济问题，但是如果这些成员国想要真正地在经济和社会层面获得发展的话，那么就必须要废除法郎区及其机制。

法郎区现有的成员国必须满足至少三个相互关联的重要条件，才能够建立一种真正可以代替非洲法郎和科摩罗法郎的货币。

第一个条件：良好的货币管理。法郎区的领导人们并不总是关注公共利益，很多反对非洲法郎体系的非洲公民担心货币解放会带来糟糕的后果。他们认为，将"印钞机"交给不负责任的管理者会给他们国家带来经济不稳定，甚至是货币混乱。这种谨慎的态度是合情合理的。如果想要避免出现不好的"惊喜"，就必须在货币领域落实保障措施。尽管如此，不应该将"良好的管理"视为在计划退出非洲法郎体系前必须要完成的先决条件：争取货币解放的斗争与争取公款管理中的民主、透明和问责制的斗争是密不可分的。值得注意的是，良好的货币管理并不意味着要接受严格的教条，让货币基本上沦为一种"被动的"工具。

第二个条件：法郎区从结构上看仍然是殖民主义的，并且与货币主权的理念不兼容，必须通过废除法郎区的运行原则来建立新的货币体系。非洲领导人们不能再继续不计后果地将它们国家货币的命运完全交给法国政府了。更何况欧元的未来是不确定的，而金融战争——一方面是发达国家之间的金融战争，另一方面是发达国家和那些想要登上世界经济舞台的国家之间的金融战争——则已经变得和所谓的"常规"战争具有同样的破坏性[1]。

　　此外，我们需要牢记的是，在我们这个以资本自由流通为标志的时代，货币主权，特别是资金流（flux financiers）的主权，已经变得至少和政治主权或者领土主权一样重要。正如哥伦比亚法学院法学教授卡塔琳娜·皮斯托（Katharina Pistor）所解释的那样，一个21世纪的国家只有拥有主权货币，才能算是一个真正的主权国家[2]。虽然很多国家因为拥有本国货币而在法律层面上享有货币主权，但是从经济的角度来看，它们之中很少有国家拥有主权货币。这是因为它们没有成功获得财政独立，它们在外国法律的基础上借外币债务证实了这一点。事实上，一个依靠以外汇计价的外部融资来解决自身支付平衡问题的国家，即使它拥有本国货币，也无法实施自主的经济政策：授予它的资金总是会包含一些限制其自主性的条件。大部分拥有本国货币的非洲国家（例如加纳、安哥拉或者莫桑比克）依赖国际货币基金组织的融资，并且不得不根据布雷顿森林体系机构的要求来管理它们的货币和预算。在卡塔琳娜·皮斯托看来，如今只有美国、英国、日本、中国、加拿大、澳大利亚和瑞士可以被视为拥有货币主权的国家[3]：它们拥有采用灵活汇率的本国货币，并且它们通常只会以它们自己的货币负债。

　　一个拥有主权货币的国家可以得到一个很大的好处：用自己

---

[1] James RICKARDS, *The Death of Money. The Coming Collapse of the International Monetary System*, Penguin, New York, 2014.

[2] Katharina PISTOR, « From territorial to monetary sovereignty », *Theoretical Inquiries in Law*, vol. 18, n° 2, 2017, pp. 491 – 517.

[3] *Ibid.*

的货币支付的话,这个国家永远不会没有支付能力。同样地,一个成功地建立了管理良好的银行系统和金融市场的国家,可以在不求助外部融资的情况下,为其经济中的重要项目提供资金。

因此,那些想要摆脱非洲法郎并且拥有一种更加独立自主的货币的国家应该努力获得财政独立。如果在摆脱法国的货币监管后又落入国际货币基金组织的监管之中,那么这完全不能被称为是一种进步,反而更像是才离虎穴,又入狼窝。我们还要着重指出的是,一些非洲领导人提出了"调动内部资源"口号,他们希望借此来降低外部融资在其国家预算中的占比,但是如果没有主权货币的话,那么这个口号是不可能实现的。

如果法郎区非洲国家想要在货币主权方面取得决定性进展的话,那么它们还必须防范资本流动带来的不稳定因素,这是正统自由主义经济的主要拥护者之一国际货币基金组织在 2007—2008 年国际金融危机后所强调的[1]。

第三个条件:将货币置于自身发展战略的核心地位。如果非洲法郎的代替方案不和外向型发展模式决裂的话,那么废除非洲法郎体系的作用将会是非常有限的。很多非洲货币虽然名义上是本国货币,但实际上由国际货币基金组织管理,这些货币不能带来信心,通常是因为这些货币在遵循当代全球化操控及其全面自由化议程的经济体中流通。退出非洲法郎只有在一个更大的收回经济主权工具(预算、工业和贸易政策的工具、资本管控等)的计划之中,才有可能成功。这个计划包括重新协商贸易协议和双边投资

---

[1] Jonathan D. OSTRY *et alii*, «Capital flows: the role of controls», IMF Staff position note, 19 février 2010.

条约，修订矿业法和投资法以及反抗国际货币基金组织和世界银行推荐的自由化政策（这些政策往往是意识形态教条主义的产物，而不是客观分析国情后的产物）。相关国家应该扩大和保护它们的国内市场，而不是将经济增长的所有希望都寄托于出口和外国投资。因此，必须要从基础开始，也就是发展农业和中小企业/中小工业企业。

1963 年 5 月 24 日，加纳总统克瓦米·恩克鲁玛在非洲统一组织第一届峰会上表示，"我们需要牢记的是，没有独立的货币，就不可能进行独立的融资和发展。一个由外国资源支持的货币体系当然要服从这个外国的贸易和财政布局"①。

挑战是巨大的，并且需要大量资源，但是非洲国家并不缺乏资源。

---

① Discours de Kwame Nkrumah au sommet de l'Organisation de l'unité africaine, 24 mai 1963（notre traduction）.

专有名词对照表

AEF(Afrique équatoriale française)

法属赤道非洲。

AOF(Afrique occidentale française)

法属西部非洲。

AFD(Agence française de développement)

法国发展署。

APE(Accord de partenariat économique)

经济伙伴协议。

BAD(Banque africaine de développement)

非洲开发银行。

BCC(Banque centrale des Comores)

科摩罗中央银行。

BCE(Banque centrale européenne)

欧洲中央银行。

BCEAO(Banque centrale des États de l'Afrique de l'Ouest)

西非国家中央银行。

BEAC(Banque des États d'Afrique centrale)

中部非洲国家银行。

BCEAEC(Banque des États l'Afrique équatoriale et du Cameroun)

赤道非洲和喀麦隆中央银行。

C2D(Contrat de désendettement et développement)

减债促发展合同。

CEAO(Communauté économique de l'Afrique de l'Ouest)

西非经济共同体。

CEDEAO(Communauté économique des États de l'Afrique de l'Ouest)

西非国家经济共同体。

CEMAC(Communauté économique et monétaire de l'Afrique centrale)

中非经济货币共同体。

CFP〔(franc des)Colonies françaises du Pacifique〕

法属太平洋(法郎)。

Cnuced(Conférence des Nations Unies sur le commerce et le développement)

联合国贸易和发展会议。

COCOZOF(Comité de convergence de la zone franc)

法郎区趋同委员会。

COMOZOF(Comité monétaire de la zone franc)

法郎区货币委员会。

DTS(Droits de tirage spéciaux)

特别提款权。

FMI(Fonds monétaire international)

国际货币基金组织。

IDE(Investissement direct étranger)

外国直接投资。

IDH(Indice de développement humain)

人类发展指数。

OCAM(Organisation commune africaine et malgache)

非洲和马达加斯加共同组织。

OIF(Organisation international de la francophonie)

法语国家组织。

ONU(Organisation des Nations Unies)

联合国。

OUA(Organisation de l'unité africaine)

非洲统一组织。

PIB(Produit intérieur brut)

国内生产总值。

PMA(Pays les moins avancés)

最不发达国家。

PPTE(Pays pauvres très endettés)

重债穷国。

Pnud(Programme des Nations Unies pour le développement)

联合国开发计划署。

SEBC(Système européen des banques centrales)

欧洲中央银行体系。

UMOA(Union monétaire ouest-africaine)

西非货币联盟。

UDEAC(Union douanière des États d'Afrique centrale)

中非国家海关联盟。

UEAC(Union des États d'Afrique centrale，ou Union économique
  d' Afrique centrale)

中非国家联盟或中非经济联盟。

UEM(Union économique et monétaire)

经济和货币联盟。

UEMOA(Union économique et monétaire ouest-africaine)

西非经济货币联盟。

ZMAO(Zone monétaire de l'Afrique de l'Ouest)

西非货币区。

译后记

　　非洲法郎是撒哈拉以南非洲 15 个国家使用的受前宗主国控制的货币,被称为新殖民主义的货币,损害相关非洲国家的货币主权与经济主权,多年来受到非洲方面的诟病。2019 年 12 月,法国总统马克龙与西非经济货币联盟轮值主席、科特迪瓦总统瓦塔拉共同宣布:废除非洲法郎,2020 年使用新货币"埃科"。受新冠肺炎疫情影响,该项货币改革计划暂缓执行。2021 年 6 月,西共体成员国领导人在加纳首都阿克拉宣布,将于 2027 年发行单一货币"埃科"。新货币"埃科"呼之欲出,这意味着非洲法郎即将退出历史舞台,它反映了非洲国家争取货币主权取得的新进展,也预示着法国与非洲国家关系的新变化。

　　上海师范大学非洲研究中心以非洲经济研究为特色,作为教育部区域与国别研究培育基地,理应对非洲热点问题进行跟踪研究。基于此目的,我们组织翻译了本书《法国在非洲的无形武器:非洲法郎的历史》。

　　原书作者法妮·皮若,系法国独立记者,曾在法新社、《解放报》等法国媒体工作,除本书外,著有《喀麦隆的十年:政治、经济和社会(2008—2017)》《法国和科特迪瓦:一段被抹去的历史》等。恩东戈·桑巴·希拉,系塞内加尔经济学家,著有《公平交易的丑闻:鼓吹穷人为富人服务》《西非的社会运动:在经济自由主义的蹂躏与政治自由主义的承诺之间》等。

《法国在非洲的无形武器:非洲法郎的历史》共分为七章:第一章,一种为"殖民条约"服务的货币;第二章,非洲法郎体系;第三章,反抗与报复;第四章,法国的操控;第五章,为法非特殊关系服务;第六章,发展的障碍;第七章,难以维系的现状。本书简明扼要地将非洲法郎70多年的发展历程展现给读者,深入浅出地介绍了非洲法郎的运行机制。本书揭示了法国在非洲法郎发展过程中的主导性作用以及法非特殊关系的演变过程,介绍了非洲历代学者对于非洲法郎改革的探索,对法国和非洲法郎区国家围绕货币主权问题的互动过程及其产生的影响作了较好的分析。同时,作者详细分析了非洲法郎的特殊机制给法郎区国家经济发展造成的障碍,并且结合非洲法郎区的现状对非洲法郎的未来进行了展望。目前国内尚无研究非洲法郎的专著,本译著的出版将有助于国内读者对非洲法郎及法非关系演变的了解。

本书的翻译自2019年11月开始,历时近两年,具体由上海师范大学非洲研究中心的博士生陶陶和硕士生陶泓铮翻译。陶陶译引言至第四章;陶泓铮译第五章至结语。陶陶为校译做了大量工作。最后,由张忠祥改定完成。由于我们水平所限,肯定存在许多不足之处,敬请读者批评指正。

本译著属于上海师范大学非洲研究中心的非洲国别和区域历史丛书。该丛书已出版的成果有:译著《作为历史的口头传说》(上海三联书店 2020 年版)、译著《历史视野下的非洲城市空间》(上海三联书店 2021 年版)、专著《大津巴布韦学术史论》(上海三联书店 2020 年版)、译著《20 世纪前中部与东部非洲的贸易》(上海社会科学院出版社 2020 年版)等。本译著的出版同样得到多方面的支持,包括教育部区域国别研究基地项目、上海市高峰高原学科建设计划和上海师范大学应用文科振兴计划的资助,还有上海三联书店出版社的大力支持,对于陈恒教授、董丽敏教授、公磊老师、黄韬先生、殷亚平女士等表示衷心感谢!

张忠祥

上海师范大学非洲研究中心主任、教授、博士生导师

2021 年 10 月 20 日

图书在版编目(CIP)数据

　　法国在非洲的无形武器：非洲法郎的历史/(法)法妮·皮若，(塞内)恩东戈·桑巴·希拉著；张忠祥，陶陶，陶泓铮译. —上海：上海三联书店，2023.1
　　ISBN 978 - 7 - 5426 - 7877 - 5

　　Ⅰ.①法…　Ⅱ.①法…②恩…③张…④陶…⑤陶…　Ⅲ.①法国法郎—货币史—非洲　Ⅳ.①F824.09

　　中国版本图书馆 CIP 数据核字(2022)第 187557 号
　　著作权合同登记　图字:09 - 2022 - 0469

法国在非洲的无形武器:非洲法郎的历史

著　　者 / [法]法妮·皮若　　[塞内]恩东戈·桑巴·希拉
译　　者 / 张忠祥　陶　陶　陶泓铮

责任编辑 / 殷亚平
装帧设计 / 吴　昉　陈婧谊
监　　制 / 姚　军
责任校对 / 王凌霄

出版发行 / 上海三联书店
　　　　　(200030)中国上海市漕溪北路 331 号 A 座 6 楼
邮　　箱 / sdxsanlian@sina.com
邮购电话 / 021 - 22895540
印　　刷 / 商务印书馆上海印刷有限公司

版　　次 / 2023 年 1 月第 1 版
印　　次 / 2023 年 1 月第 1 次印刷
开　　本 / 640 mm×960 mm　1/16
字　　数 / 160 千字
印　　张 / 13.5
书　　号 / ISBN 978 - 7 - 5426 - 7877 - 5/F·875
定　　价 / 78.00 元

敬启读者,如发现本书有印装质量问题,请与印刷厂联系 021 - 56324200